天天向上

有办法的父母，
会写作业的孩子

田宏杰 著

中信出版集团｜北京

图书在版编目（CIP）数据

天天向上：有办法的父母，会写作业的孩子 / 田宏杰著 . -- 北京：中信出版社，2024.8
ISBN 978-7-5217-6656-1

Ⅰ.①天… Ⅱ.①田… Ⅲ.①学习方法－家庭教育 Ⅳ.①G791 ②G782

中国国家版本馆 CIP 数据核字（2024）第 109792 号

天天向上——有办法的父母，会写作业的孩子
著者： 田宏杰
出版发行：中信出版集团股份有限公司
（北京市朝阳区东三环北路 27 号嘉铭中心　邮编　100020）
承印者： 北京盛通印刷股份有限公司

开本：880mm×1230mm 1/32　　印张：9.5　　字数：210 千字
版次：2024 年 8 月第 1 版　　　　印次：2024 年 8 月第 1 次印刷
书号：ISBN 978-7-5217-6656-1
定价：59.00 元

版权所有·侵权必究
如有印刷、装订问题，本公司负责调换。
服务热线：400-600-8099
投稿邮箱：author@citicpub.com

目 录

前 言
利用好每天的作业，积极培养孩子的长远学习能力
VII

开 篇
常见教育误区与应对

第一章　陪学误区 → 小心适得其反的陪伴

误区一：粗暴教养，打、骂、吼　　　　　　　　　003

误区二：佛系育儿——"成绩好坏无所谓，你快乐
　　　　就好"　　　　　　　　　　　　　　　007

误区三：过度崇尚努力——"你很聪明，就是不够
　　　　努力"　　　　　　　　　　　　　　　012

误区四：盯得太紧，催催催　　　　　　　　　　015

第一篇
学习的方法系统：让孩子高效学

第二章　快速启动→孩子写作业磨蹭、拖拉，怎么办
　　心理机制：为什么孩子不能有效地进行自我控制　024
　　20秒法则：让孩子快速进入学习状态　027
　　清单法：确定作业顺序，一一搞定　037
　　打钩法：让大脑及时获得奖励　042
　　课后操作手册　049

第三章　有效自控→写作业时小动作多，怎么办
　　心理机制：为什么孩子注意力不集中　060
　　说好一句话：让孩子从小动作上冷静下来　062
　　排除干扰法：把焦点集中在当前任务上　067
　　番茄钟法：提高单位时间内的学习效率　074
　　课后操作手册　081

第四章　刻意训练→刷题有方法，让孩子取得好成绩
　　心理机制：为什么大量刷题反倒会变"笨"　090
　　刻意练习：有目的做题才能又快又好　091

过程性目标：让孩子考试不"马虎"	098
转换信念：孩子做错题不用急	104
课后操作手册	110

第二篇

学习的动力系统：让孩子愿意学

第五章　成长型思维→孩子畏难，怎么办

心理机制：为什么越"加油"，孩子越退缩	120
习得性无助：目标不要设得太高	122
小步子原则法：在能达成的目标中获得自信	125
成长型思维：帮孩子找到解决困难的方法	130
课后操作手册	136

第六章　情绪控制→孩子成绩不好，家长怎么做

心理机制：为什么孩子总是输不起	144
输赢观：树立正确观念，关注输赢过程	147
心理韧性：成绩不好，怎么反弹	154
免疫机制：不断挑战压力，才能越战越勇	160

| | 课后操作手册 | 164 |

第七章　有效鼓励→夸对了，孩子学习更省心
　　心理机制：为什么越夸奖，孩子越不能坚持好行为　173
　　聚焦具体行为：不要空洞地夸孩子"真棒"　175
　　强化内在好处：激发孩子内在动机　182
　　模仿卓越：如何正确地夸"别人家的孩子"　189
　　课后操作手册　193

第三篇
学习的支持系统：让孩子持续学

第八章　营造氛围→良好的学习氛围，让孩子安心写作业
　　心理机制：氛围如何影响孩子的学习状态　204
　　家庭环境：做成长型父母，一起"学"　205
　　情感环境：让学习与积极情绪建立联结　210
　　放下焦虑，让教育走得更远　215
　　课后操作手册　222

第九章　假期管理→好的假期安排，让孩子更进一步

心理机制：认识并利用防御性悲观主义　　228
现实性目标：制订可完成的假期计划　　229
契约法：按照约定完成任务　　237
历练优势：利用好假期，强化优势能力　　242
课后操作手册　　247

第十章　自我管理→写作业终究是孩子自己的事

心理机制：自我决定是一种基本的心理需求　　252
划定边界：把学习的管理权还给孩子　　253
搭建阶梯：为孩子的自我管理提供支持　　257
双轨制："孩子管-家长督"保证目标的实现　　263
课后操作手册　　268

第十一章　沟通密码→和老师保持良好沟通至关重要

心理机制：为什么孩子难以理解老师的好意　　271
成为翻译器：帮孩子读懂老师评语背后的期待　　275
愤怒的孩子：老师批评错了，家长怎么做　　279
细节原则：如何与老师沟通孩子的学习情况　　284
课后操作手册　　286

前言

利用好每天的作业，积极培养孩子的长远学习能力

在青少年教育咨询工作中，我发现很多家长在"陪学"问题上常常陷入两难困境：一方面不想陪，因为无论自己怎么说，孩子都不听，还弄得亲子关系十分紧张、孩子学习没有主动性；另一方面又不敢不陪，怕一旦自己松手，孩子真的就不学了。家长很苦恼地问我："田老师，在孩子写作业时，家长到底该不该陪？"

面对"陪不陪"这道选择题，很难给出答案。因为在陪与不陪之间，有一个更重要的因素必须考虑，那就是孩子长远学习能力的培养。在陪学过程中，写作业只是明线，长远学习能力的培养才是最重要的。如果家长陪学，眼睛只盯着作业，又盯得太紧、催得太急，那一定会削弱孩子学习的主动性，阻碍孩子学习能力的提升。如果家长不陪，那些天资聪颖、专注的孩子当然没有问题，他们能够做好作业并顺利成长，但大部分普通的孩子在中小学阶段受大脑神经发育水平的限制，难以独自面对学习中的倦怠

和挫折，容易对学习产生无助感，无法在中小学这个关键时期形成重要的学习能力。

所以，"陪不陪"这个问题，我想答案是：家长一定要陪，而且要陪好，要会陪！陪的不只是作业，还要利用每天的作业培养孩子长远的学习能力。家长要理解孩子、用对方法，在陪孩子解决作业难题的过程中让他们提升学习能力。而随着孩子学习能力的提升，家长陪学的力度应逐步下降，把学习的管理权逐步还给孩子，直到孩子能够自主学习，不用再陪。

2019年1月，我的《不咆哮，让孩子爱上学习》正式出版，得到了很多家长的认可和好评。这本书用教育心理学理论对孩子成长、学习过程中的70个问题情境进行了分析，并给出了解决方法。很多家长在评论区留言："好像田老师在我家装了摄像头，书里讲的都是我家孩子身上每天发生的事。"甚至我上中学的外甥女看到书后问我姐："妈，你是不是把我学习的事都跟我老姨讲了，感觉书里写的都是我。"家长和孩子都有"被看到"的感觉，感觉书里写的就是自己。家长们通过阅读这本书，观念有了巨大变化："以前看到孩子磨蹭、拖拉我就会很生气，觉得都是孩子的错，忍不住要去责骂他，但看了这本书，我明白了，每个孩子都要经历这样的过程。我们需要理解孩子，掌握方法。"

但是，家长仍然有一个困惑，从"理解"到"做到"之间似乎有一条鸿沟无法跨越，看书的时候觉得道理明白了、方法也掌握了，但到真的用起来时，还是有些不知所措，常常陷入"我明白，但我还是做不到"的困境。所以我决定写一本训练营模式的训练手册，把陪孩子写作业这件事讲清讲透，对每个让家长头疼的作业问题进行手把手带练，在提升家长养育和陪学技能的同时，提升孩子的学习能力。

本书的每一章都会使用"认知—方法—训练"的模式对每一个具体问题情境进行分析、讲解、训练。在认知部分，对问题情境的心理机制进行分析，帮助家长理解孩子的认知心理特点、学习特点和学习困境，让家长明白为什么会这样；在方法部分，结合具体问题情境讲解具体操作方法和注意事项，让家长明白应该如何做；在训练部分，将具体方法串联起来进行流程式的任务练习和话术练习，帮助家长在陪学实践中会说、会做，实现从"理解"到"做到"的跨越。

本书开篇对家长陪学的三大误区进行了分析，帮助家长对自己的教育模式进行觉察；然后通过三篇内容，帮助孩子构建学习力系统：方法系统、动力系统、支持系统，实现高效学、愿意学、持续学的目标。

第一篇是构建"高效学"的方法系统，帮助孩子掌握学习方法，解决爱拖拉、没方法的问题。本篇分为三章，分别是：在启动阶段，减少阻力，提高写作业效率；在执行阶段，增强自控力，把意志力集中在作业任务上；在反思阶段，提高目的性，实现能力的成长和精进。

第二篇是构建"愿意学"的动力系统，帮助孩子改变学习信念，激发内在动机，解决不想学、没信心的问题。本篇分为三章，分别是：在遇到难题时，通过成长型思维树立达成目标的信心；在遭遇挫折时，提高心理韧性，激发消极情绪下的积极力量；在取得进步时，进行过程性反馈，激发内在动力。

第三篇是构建"持续学"的支持系统，帮助孩子养成自主学习能力，解决不坚持、靠吼叫的问题。本篇分为四章，分别是：打造良好的学习氛围和情感环境，让孩子安心学习；规划假期任务，磨炼自身优势，帮孩子实现弯道超车；将学习管理权交还给孩子，发展孩子的自我管理能力；与老师良好沟通，形成合力，为孩子学习积累成长资源。

从"理解"到"做到"的跨越不是看了书、做了练习就能够一蹴而就的，而是要经历一个不断反复、不断练习的过程。就像我特别喜欢的一首诗——波希娅·纳尔逊的《人生五章》给我们的启示：从看到人生的"深洞"到"绕道而过"、"走上另一条街"，需要经历一个漫长的过程。我们在陪学中要智慧地觉察，勇敢地坚持，在陪学中培养孩子长远的学习能力，使之成为一个会学习、爱学习、天天向上的孩子。

《人生五章》

第一章
我走上街,
人行道上有一个深洞,
我掉了进去。
我迷失了……我很无助。
这不是我的错,
费了好大的劲儿才爬出来。

第二章
我走上同一条街,
人行道上有一个深洞,
我假装没看到,
还是掉了进去。
我不能相信我居然掉在同样的地方。
但这不是我的错,
我还是花了很长的时间才爬出来。

第三章
我走上同一条街,
人行道上有一个深洞,

我看到它在那儿,
但仍然掉了进去……这是一种习惯了。
我的眼睛睁开着,
我知道我在哪儿,
这是我的错。
我立刻爬了出来。

第四章
我走上同一条街,
人行道上有一个深洞,
我绕道而过。

第五章
我走上另一条街。

开篇

常见教育误区与应对

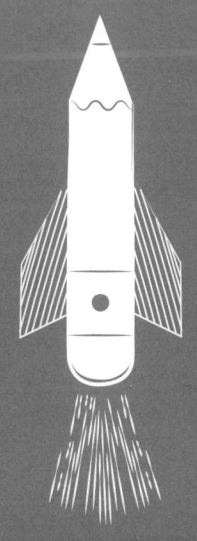

第一章
陪学误区 → 小心适得其反的陪伴

误区一：粗暴教养，打、骂、吼

很多家长在陪学过程中，都有被孩子激怒、责骂孩子的经历。虽然家长知道，发火、责骂对于改变孩子的行为没用，可是面对孩子"屡教不改"的问题行为，自己又无能为力，心中的怒火就会升腾，无法压制，使得自己和孩子陷入"越吼越差，越差越吼"的负面循环。有位妈妈讲，她的孩子正在读五年级，学习的时候不想学、不走心，好说歹说都不行，她一点办法都没有，每天陪孩子学习都很心急。

有一次，她们用一个晚上的时间练习把英语一般现在时的肯定句变为疑问句，比如把"She goes to school by bike."变成"Does she go to school by bike？"妈妈先把句式变化的规律说得很清楚，孩子也说理解了，就是在句子前面加

Does,再把 goes 变为 go。可是练习时,孩子总是心不在焉,一会儿这里出错,一会儿那里出错;而且孩子的态度很不好,出错时,妈妈一提醒,孩子就说:"你别说了,能不能让我自己做?"让她自己做,又是各种出错。最后妈妈没急,孩子先急了,摔下课本说:"我就是学不会,我不想练了。"气得妈妈也拍着桌子喊:"你赶紧练,别磨蹭了,说得明明白白的还不会,你就不能用点儿心吗?要是9点之前还是总出错,明天晚上回来就别玩游戏了,就坐在这儿练!放假也别出去玩了,就在家里写作业!"孩子本来就觉得练得好难、好痛苦,这会儿又被妈妈威胁,她的眼泪瞬间就啪嗒啪嗒地掉下来,更练不好了。

这位妈妈在实在没办法时,希望通过发火调节孩子的学习状态,让孩子能够用心学。但是她的怒火不但没让孩子做出改变,反倒让孩子十分抵触,学习状态变得更差了。

这种打、骂、吼的粗暴教养方式会给孩子的发展带来两种危害。一是打、骂、吼会激发孩子的"或战或逃反应",越吼越慢,越吼越反抗。很多家长说感觉孩子"越骂越笨",这种感觉是真实存在的,而且它是有生理原因的。大脑在功能上可以划分为两部分,一是以额叶为代表的理智脑,二是以杏仁核为代表的情绪脑。当孩子学习和思考问题时,主要是理智脑在运转。这时一种重要的神经递质——多巴胺的分泌会增加,它可以让大脑运转得更快,思维更灵活,就是孩子学得好时脑子很好使的那种状态。但当孩子被我们打、骂、吼,他感到愤怒或者害怕时,他的杏仁核就会被激活，情绪脑开始运转，并进入本能的"或战或逃反应"。也就是说，如果他感到愤怒，就会进入战斗模式；如果他感到害怕，就会进入逃跑模式。这时孩子的身体肾上腺素和皮质醇的分泌增加，它们的作用是让心脏跳得更快、血压升高、血液更快流向四肢。这个反应对动物来说有特别重要的意义，它可以让动物在战斗或逃跑时反应更迅速。但是这个反应出现在孩子身上就麻烦了，因为血液大部分到了四肢，孩子的大脑就会供血不足，就会抑制理智脑的思考，这时孩子的思考速度就会变慢，大脑就会"卡壳"，再简单的东西也学不会了。所以我们越责骂，孩子就越笨。这不是因为孩子故意跟我们对着干，而是他的脑神经机制进入情绪脑占主导地位、理智脑卡壳的状态，他就会学不动，更学不会。

二是打、骂、吼与孩子的行为多次联结后，会产生条件反射，让孩子本能地想要逃避。如果孩子每次学习都被我们打、骂、吼，多次下来学习就会跟我们的打、骂、吼产生联结，同时跟打、骂、吼带来的负面情绪产生联结，建立条件反射。孩子刚坐下来学习，之前被我们打、骂、吼时的负面情绪就被激活了，所以很多孩子不是学不会才烦躁，而是往桌前一坐就烦躁。这时，学不会的无助感、沮丧感，再加上因为我们打、骂、吼产生的负面情绪，会让孩子在潜意识中本能地逃避学习。

陪孩子学习，家长一定要明白我们的目的是让孩子学会学习、爱上学习，而发火、责骂是起不到这样的作用的，只会让孩子厌学、逃避学习。很多家长会说我也不想着急，但我压不住自己的怒火；甚至有些家长平时很理智，对人很客气，但在陪孩子学习时就特别容易着急。为什么会这样？这是因为家长陪学时的愤怒情绪很复杂，在其背后隐藏着对孩子学习的担心和无助，"写得这么慢，一会儿又得拖到 11 点才能睡觉。我真的很担心"，"催他没用，鼓励也没用，什么办法都没用，还能怎么办？"当愤怒与担心、无助的情绪混杂在一起时，要想停止发火、理智教育就变得更难了。因此，不是默念 10 遍"亲生的，忍住"，或者喊 10 遍"加油，忍住"就能压抑这种怒火。我们必须认识到控制情绪难在哪儿，主动从自动化、旧的情绪模式中跳出来，根据孩子的心理特点有目的、有觉察地建立一套新的亲子教育模式。

比如当孩子学了一个晚上句式的变化，仍然频繁出错时，我们不要简单地说一句"能不能用点心"，而要问问自己："我觉得这个问题很简单，也带着他把句式变化的两个规律总结得很清楚，可他练了一个晚上，还是常常出错。对他而言，这个问题难在哪儿？他缺少什么能力？怎么能把这个能力补齐？"我们只要带着好奇心去观察，去问"孩子难在哪儿"，我们就不知不觉把目光从"孩子有问题，孩子需要改"转向"这个问题有点难，需要好好想办法来解决"。这时，问题就容易解决了。

对孩子而言，到底难在哪儿？其实，虽然在妈妈的指导下他能清楚地把肯定句变疑问句的两个规律说清楚，但他没法灵活运用这两个规律。他总是凭语感，而他当前还没有正确的语感。接下来的问题就是怎么让他建立正确的语感。当目标指向如何建立正确的语感时，这位妈妈就找到了方法：

"我们多找点题型，多练练。今天练得不理想，明天再练。用一周、两周或一个月的时间把语感练好了，你就能游刃有余了。"当妈妈找到这样的方法，有了这样的心态，她陪孩子学习时就做好了长远打算，也不会陷入自动化的愤怒情绪。

孩子的不良行为，不管是磨蹭、马虎、退缩、执拗……一定是因为他有"难处"，比如他暂时缺少某种能力、方法、习惯去突破困境。家长要理解孩子的心理发展特点，理解孩子的"难处"，这样才能找到方法，帮助他形成他所需要的能力、方法和习惯。这样孩子才能够突破困境，逐渐学会主动学习。

误区二：佛系育儿——"成绩好坏无所谓，你快乐就好"

很多家长说自己坚信"佛系育儿"，他们会跟孩子讲"成绩好坏无所谓，你快乐就好"。这种快乐主义的教育观在幼儿园阶段没问题，因为幼儿园阶段的主导活动是游戏，孩子只要玩得好、玩得有创意、玩得快乐就行。可是这种教育观在小学阶段就有问题了，小学阶段的主导活动是学习，孩子要学得好才能有胜任感；如果孩子学得不好，他就会缺少胜任感，怎么可能真的快乐？比如，老师问了一个问题，别的孩子都会，只有他不会；上课时，大家都能够静心、专心听讲，只有他做不到，这时孩子就会不安。在学习这个主导活动上做得不好，孩子就会没有信心，进而不会快乐。

小学阶段是孩子的自我评价发展的关键时期，这时他们的内在自我评价系统还不稳定，他们对自我的评价主要靠他人的评价和社会比较，会在跟其他同学的比较过程中给自己定位。如果他看到"别人会的，我也会"，他就会给自己积极的评价，觉得有信心，觉得"我可以"；但如果他看到"别人都会，唯独我不会"，他就会给自己消极的评价，觉得没有信心，觉得"我不如别人"。一个在小学阶段给自己消极评价的孩子，长大后会对学习没信心，有一种无力感。所以，面对孩子不理想的成绩和不会的题，家长空洞地说"成绩好坏无所谓，你快乐就好"是不行的，孩子的自信心在遇到真实的无力感时，是会崩溃的。

家长一定要理解孩子的"快乐"到底是什么。对中小学生来讲，快乐不只是感觉、情绪上的愉悦，更重要的是面对困难，他咬牙坚持甚至流泪坚持，完成任务的征服感。积极心理学代表人物塞利格曼提到关于自尊的两类感受，一是感觉满意，二是表现满意。感觉满意是在情绪感觉上有"我很棒"的愉悦感；表现满意是在行动表现上能够战胜困难，有"我能行"的征服感。如果孩子过于追求感觉满意，就容易停留在舒适区，做自己擅长、有愉悦感的事，在面对困难时他会用"不在乎""无所谓"等佛系态度掩盖内在的挫折感，逃避本来能够让自己有所成长的挑战。正如塞利格曼所说："帮助孩子逃避失败的感觉会使孩子更难体会征服感，减少必要的悲伤及焦虑会使孩子面临罹患抑郁症的风险。"反过来，如果孩子先追求行为表现上的满意，就会努力找办法、多做练习来突破困难，获得"我能行"的征服感，这种征服感才是孩子乐观人格的基础。

家长对待"什么是快乐"的认知、对待负面情绪的态度影响着孩子面对困难时的情绪及行为反应。家长是孩子的榜样，我们在生活中要不要给孩子做一个"快乐"的榜样，只给孩子呈现积极、乐观、向上的样子？我们要问自己，我们生活中真的天天都是积极快乐的吗？我们会不会遇到挫折？遇到挫折时我们会不会感到沮丧、无助？是的，作为成人，我们也不是每天积极快乐，我们也会遇到挫折，遇到挫折时我们也会感到沮丧、无助。我们不要给孩子呈现一个假的快乐榜样，而要给孩子呈现真实、完整的样子。既让他看到我们的沮丧、无助，也让他看到我们在沮丧和无助时仍然不肯放弃，仍然咬牙坚持解决问题的样子。

有一次，我开了一门"如何培养儿童自控力"的线上课，当时有4万人报名听课。那时线上课刚刚兴起。那是我第一次在线上讲课，我为此做了很充足的准备，可是一开讲我就发现情况不对，线上讲课和线下讲课的互动情况不一样：线下讲课时能看到听课人的反应，可是线上对着手机讲课，我看不到听课人的反应，没有对方的反馈。这种感觉让我紧张心慌，很多案例和故事想不起来，观点的推进也不顺畅。硬着头皮讲完，我觉得讲得不好。我赶快发信息问认识的人："你们听我的课了吗？感觉怎么样？"他们都说："田老师，讲得特别好，我们特别受益。"虽然大家都说好，但我心里还是觉得不好，不够满意。

等我走出房间，我女儿走过来问我："妈妈，讲得怎么样?"她知道我对这门课很重视,我在努力准备这门课。现在她问我,我该怎么说?我要不要硬着头皮假装自信地说"挺好的,大家都说特别好"?不行!我真觉得好和硬着头皮说好的神情一定不一样,孩子会敏感地发现"妈妈觉得讲得不够好,但她不好意思说"。孩子以后有挫折感时,她也会很怕这种挫折感,也不敢说出自己的感受。反过来,我要不要立刻振奋起来说"这次讲得不太好,妈妈下次一定要好好准备"?也不行!真实的沮丧情绪消解得没有那么快,太快的情绪转化都是假转化。真实的沮丧情绪消解需要时间,而沮丧情绪仍然堵在心口,积极的力量被压在下面,是萌发不出来的。我们需要一点时间来把这种沮丧情绪慢慢消解完,后面萌发的"想要做好"的力量才是真的。

所以,我跟孩子讲了自己的真实感受:"我觉得讲得不够好,第一次对着手机讲课,我不熟悉,把握不好节奏,也看不到听课人的反应,我感觉很慌,一慌讲得就不如平时。"孩子听懂了,很遗憾地说:"哦。"我沮丧地坐在那儿,孩子坐在我旁边,她一边看书一边陪我。过了一会儿,我沮丧的情绪缓解了一些,我说:"也怪我,之前有人请我进微信群讲微课时,我拒绝了。我应该利用那些讲课机会练一练,就有经验了。"孩子说:"如果先练练就好了。"那时,我的情绪已经逐渐缓解,心里的力量也升腾起来,我说:"没关系,下个月我还有一次线上课,我要好好练练。"

等到下一次讲线上课,我准备得很充分,而且有了之前的经验,讲得特别流畅。等我讲完,孩子过来问我:"妈妈,这次讲得怎么样？"我说："讲得特别好。"这时我自信、有成就感的表情是发自内心的，这样孩子看到后才会真的相信。在整个过程中，孩子看到了真实的我：不是每次都讲得很棒，也有讲得不好的时候，讲得不好时我也沮丧，但沮丧之后又不服输，又去找办法，最后就能够讲好。她看到这个完整的过程，当她遇到挫折时，也不会害怕。有沮丧或痛苦的感受时，她也不会逃避。她有信念、有力量去战胜困难。等她战胜了困难，她体会的一定是真实的成就感和自信。

小学阶段，是孩子的学习行为和学习能力养成的关键阶段。在这个阶段，我们一定要帮助孩子：当他有困难时，我们要帮助他跨越困难；当某道题他不会时，我们要帮助他学会。只有当他在学习能力和学习行为上得到提升时，他才能够胜任学习，他才会有信心，才会更愿意学习，从而进入良性循环。

非常重要的是，整个小学阶段孩子的大脑神经在不断发育，这需要有与之匹配的学习行为。经常面对挑战，大脑神经才会发育得更好。如果我们过于强调快乐的感受，孩子就会停留在舒适区，他的学习行为的发展会落后于大脑神经的发育。如果每次大脑神经发育了，却发现孩子的学习过程很简单，根本用不上这些新神经，根据"用进废退"原则，大脑神经就会认为没必要发育得那么多、那么好，便会根据实际的需要量做删减，只保留最小的量，这样孩子就没有办法激发自己的潜能。因此，在整个小学阶段，大脑神经在不断发育，与之匹配的学习行为、学习能力也要跟上。这样孩子的学习能力经过整个小学阶段的历练，才会不断提升，孩子才能够学会学习、爱上学习。

误区三：过度崇尚努力——"你很聪明，就是不够努力"

很多家长非常崇尚努力，孩子学得好时夸奖孩子的原则是"不夸聪明，夸努力"；孩子学习出现问题时对孩子的鼓励是"你很聪明，就是不够努力，你如果努力，一定能学得好"。从教育的总体原则上看，鼓励努力是正确的，对努力的崇尚在一定范围内是合理的。心理学的归因理论认为智力与努力相比，智力较为不可控，而努力较为可控。将学习结果归因于努力这个较为可控的因素，可以增加对未来学习的可控性，成功时可以将努力行为复制并运用到未来，失败时可以通过努力改变学习状态和学习结果。

但现在的问题是很多家长对努力的崇尚有些过度，经常把"再努力一些"的要求挂在嘴边，似乎觉得努力是一种招之即来、挥之即去的能力，而且觉得孩子只要努力，就可以解决一切学习困难，达成一切学习目标。实际上，他们远远高估了"努力"这种品质的可控性。"努力"对很多孩子来说是很难做到的，它是一种需要不断磨炼的品质，是整个中小学阶段的培养目标。如果把这么重要的培养目标当成要求，简单粗暴地提给孩子，而孩子又做不到，他就会陷入无助感，为未来的"不努力"行为埋下伏笔。

正在读初二的娜娜，因为"找不到学习状态"而苦恼。她小学时在一个普通的小学就读，当时成绩还不错，在班里一直排在前几名。初中时，她进入一个很好的学校，跟很多优秀的孩子比起来，成绩就显得一般。初一，她的成绩很一般。直到初一下学期的期末考试前，她好像突然进入了学习状态，每天吃完晚饭就开始学习，学得很努力，坚持了两个星期，果然在期末考试时取得了好成绩。父母和娜娜都很振奋，父母对娜娜说："你看，努力两个星期成绩就上来了。下学期你继续努力，一定能考进前十名。"

他们看到了努力，也看到了努力的效果，期望孩子一直努力下去。可是到了初二新学期开学，娜娜一直找不到上次期末考试前那种"努力的状态"。每天她都期望自己能够再那样努力起来，但却一直找不到感觉。"我每天放学时都想今天一定要好好学，可吃完饭总觉得很累，想休息一会儿，积蓄点儿力量再学，就东晃西晃，看看短视频。想先放松一会儿，到7点再学习；可到了7点，我还是找不到状态，就想再等一会儿；等到7点半，我又去拖延……一直拖到八九点钟不得不学时我才开始学，却还是找不到那种努力状态。"娜娜总是想"如果能够找到上学期那种努力的状态，我就能够学好"，可是那种状态好像有点可望而不可即，她始终没找到。找不到那样的状态，她会指责自己"不够努力"，她会痛苦。在痛苦时，她就更想通过看短视频等安抚性的行为逃避内心的痛苦。因此整个人陷入"越做不到努力越痛苦，越痛苦越逃避，越逃避越不努力"的困境。

很多家庭都是这样，家长用一种理想的努力状态要求孩子，觉得自己的这个要求不高，认为孩子应该能够做到。可是不管这个要求多么"合理"、多么"应该"，孩子就是做不到。家长多次鼓励他"你要努力，努力就一定能学好"，可孩子仍然做不到。这时家长会埋怨、指责孩子"不努力"，孩子也会对自己失望，"我就是努力不起来"。孩子在"努力"这件事上产生了无助感。

对努力的过度崇尚还会带来另一个问题——增加孩子的学业自我妨碍行为。学业自我妨碍行为是指孩子在学习中故意做出一些行为来"妨碍"自己能力的发挥，妨碍好成绩的获得。比如他在考试前不认真复习，在课堂上不好好做笔记，在别人学习时他不学，在考试前说自己失眠没睡好，在考试后说自己因为紧张涂错了答题卡……当这些行为发生时，家长会觉得非常可惜，"明明可以学好，可他就是不肯学"，"明明可以考得很好，偏偏在考试时发生意外"。需要特别警惕的是，这两句话的言外之意是"孩子的能力没问题，如果他好好学，如果他考试正常发挥，是可以学好、考好的"，换一种方式表达是"虽然孩子没有学好、考好，但其实他的能力是没问题的"。也就是说，孩子不努力的行为给他带来了一种收益：不管他学得怎么样，考得怎么样，他的能力都能得到肯定性评价。这样，当很多孩子无法达到家长和自己所期待的努力状态，无法掌控自己的学习成绩时，他们会下意识地选择这种消极的妨碍性行为模式来获得一种"掌控感"，停留在"如果努力，就能够学好"的假象中。

"努力"并不像我们原本所期望的那样可控，但它确实是一种可以培养的行为品质。我们不要将"再努力一些"挂在嘴边，而要在孩子每天的学习中，用长久的耐心、科学的理念和有效的方法帮助他战胜学习中的每个挫折，积累每个领域的行为经验，逐步习得"努力"这种重要的行为品质，以助力于能力的培养和潜能的发挥。

误区四：盯得太紧，催催催

有位妈妈，从孩子小学一年级开始就陪孩子学习。刚开始，她很有成就感地发现"陪和不陪就是不一样，陪在旁边，孩子就能学得快一些，学得好一些"。可是随着年级升高，她发现好像越陪越不行，越催越慢，自己的孩子反倒不如别人家的孩子学得好。她苦恼地问我："为什么会这样？"实际上，这个变化符合心理学讲的一条曲线，我们称之为倒U曲线，即前期陪学时，随着陪学力度的增加，孩子的学习效果明显，到达顶峰后，随着陪学力度继续增加，孩子的学习效果反倒降低了。

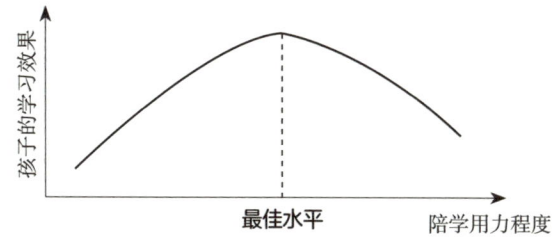

如果家长的陪学行为合适，能够促进孩子的学习，比如孩子走神时提醒他"来，我们快点写"，可以帮助他将注意力集中到学习上；孩子学习有困难时和他一起分析，可以帮助他找到办法，

解决困难。但是如果家长的陪学行为过于密集，在陪学时全程盯着孩子，出现一点点问题就立刻提醒他改正，写字时有一点点错就立刻让他擦掉重写，这种陪学行为就不利于孩子学习能力的培养。这种家长被称为"直升机父母"，指陪学时像直升机一样盘旋在孩子的头顶，随时监控和督促孩子的父母。这种过于密集的陪学行为会对孩子学习能力的培养带来三个负面影响。

一是过于密集的陪学行为会让孩子失去自我调整的机会。比如孩子学习时偶尔走神，当他发现时会对自己说"呀，我走神了，赶紧写"，他就慢慢学会把自己的注意力拉回来；但如果妈妈盯得紧，每次没等孩子自己发现、自己把注意力拉回来，妈妈就开始提醒孩子，孩子就很难学会调整自己的注意力状态。再比如孩子学习有点磨蹭，坐在那儿40分钟，但学习效果不好，等40分钟学习时间一到，他会发现自己完成得很少，下一个40分钟他就会尝试纠正，慢慢地他就对时间和效率有了感知。但如果每次孩子学习都是被妈妈催，孩子就没有机会自己发现问题并做出调整。

二是过于密集的陪学行为会突显孩子的坏行为。孩子在学习过程中一定是好行为和坏行为并存的。如果家长在陪学时一直盯着孩子，就会对孩子那些玩笔、抠橡皮、挖鼻子、晃身体等各种坏行为特别敏感。其实对坏行为敏感也是几百万年的生物进化带给我们的一个重要本能，它可以让我们更好地远离危险、更好地生存。但是在对孩子的教育中，如果家长每次都紧盯孩子的坏行为，就会突显坏行为。比如家长越说学习时别抠橡皮，孩子越容易抠橡皮；家长越说学习时别总是上厕所，孩子越想上厕所。当家长总是看到孩子的坏行为时，孩子的坏行为就会被突显，这样我们和孩子都会对好行为的建立失去信心。

三是过于密集的陪学行为会损害孩子学习的主动性。如果孩子一直被家长逼、被家长催，家长在教育的过程中比他更急，孩子就会逐渐认为"学习是我爸妈的事儿，不是我的事儿"。这种感觉就像"爸妈是监工，我是工作的人"。为别人做事，在别人监督下做事，孩子当然不会用尽全力，能偷懒则偷懒，这与我们在别人监督下为别人工作的状态是一样的。当孩子对学习没有责任感时，他对学习是不会上心的，他会在学习时呈现懒洋洋、人在心不在的状态。

家长在陪学过程中不能太急，要做一个好的陪伴者和观察者。一方面，当孩子出现坏行为时，家长不要急于批评他，而是要琢磨出现这个行为，可能是因为孩子暂时缺少某种能力或习惯，找到办法帮助他培养这种能力或习惯；另一方面，家长更重要的任务是耐心等待，等待一个时刻，当看到我们所期待的好行为在孩子身上出现一点点时，把这个好行为指给孩子看。当孩子看到他能做好时，他就会有信心，而且也会不断关注做得好的部分，他的能力就会不断提升。

有一位妈妈跟我讲，孩子写字时总是用橡皮擦来擦去，影响速度。她跟孩子说："别擦了，就这样吧。反反复复地改太浪费时间了。"可是无论怎么说，孩子都不听。如果妈妈强行制止，孩子就会急得大哭。我跟这位妈妈说："你别着急，看看孩子为什么改。"我建议她对孩子说："孩子，妈妈看到你写这个'故'字的时候改了好几遍,你是觉得哪儿写得不够满意吗?"孩子可能说:"我总是写得左边太小、右边太大。有时左边太大、右边太小。"我们可以再问问他这个字写成什么样,他觉得合适。他可能说:"左边略小一点,右边略大一点,别差太多。"这时,我们就鼓励他:"哦,你对汉字结构有观察啊,要左小右大,但差异又不能太大,要刚刚好。"当孩子在这一点上的成长被妈妈看到时,这个观察汉字结构和追求完美的优点就会强化。如果妈妈担心孩子太强调完美,影响速度,那就继续观察,等待某一次他能够兼顾完美和速度。比如平时一个字他都改8遍,今天只改了5遍,这时妈妈就要强化这个行为:"孩子,妈妈看到你改的速度越来越快,你不但要求字的结构符合要求,还开始注重速度了,是吗?"好行为被看到、被强化,他就会慢慢地在完美和速度之间找到一个平衡点,写得又好又快。

每个家长教育孩子的初心都是好的,都希望我们的陪伴能够助力孩子的学习。但是如果我们的教育方式走入误区,用了不正确的方法,我们的陪伴反而会阻碍孩子的学习,让孩子不爱学、不想学。所以在陪学时,家长首先要不断磨炼陪学技能,对孩子的学习问题多一些理解,找到更多好方法。这时我们的陪伴才会更有力量,更有智慧,更能够帮助孩子。实际上,针对孩子学习过程中的每种问题,教育心理学中都有合适的方法。这本书就希望帮助家长理解孩子的心理发展特点和学习特点,助力家长找到合适的办法,帮助孩子解决学习中的问题,提升孩子的学习能力,让他们学会学习，爱上学习，天天向上。

生命不是一个你在今天就可以给出答案的东西，
享受等待的过程，
享受成为你自己的过程，
再没有比种下花的种子，
却不知将会是什么样的花盛开更喜悦的事情了。

——米尔顿·艾瑞克森

第一篇

学习的方法系统：让孩子高效学

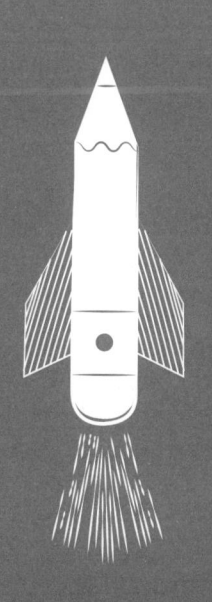

第二章
快速启动→孩子写作业磨蹭、拖拉，怎么办

孩子写作业时常常磨蹭、拖拉，这让家长非常苦恼（"放学回来先吃吃喝喝，然后又疯玩半天，催了好几次，好不容易坐在那儿开始写作业，可是5分钟过去了，他还没打开书本。10分钟过去了，他还在那里抠手指，玩橡皮！"）。很多家长被孩子的磨蹭、拖拉气得不行（"这孩子写作业，前两个小时都是在那儿磨蹭，一直拖到晚上8点、9点才开始写点，每天都要拖到10点、11点才能完成，急死人了！"）。孩子为什么喜欢磨蹭、拖拉？如何解决一写作业就磨蹭、拖拉的问题，让孩子快速高效地完成作业？

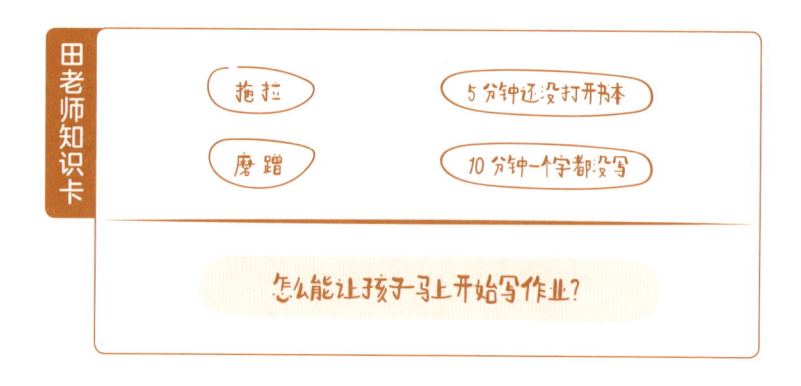

> **田老师知识卡**
>
> - 拖拉
> - 磨蹭
> - 5分钟还没打开书本
> - 10分钟一个字都没写
>
> 怎么能让孩子马上开始写作业?

心理机制：为什么孩子不能有效地进行自我控制

作业太多带来隐形压力，让孩子没有力量去启动

首先，我们来分析一下，孩子写作业时到底为什么会磨蹭，会拖拉？我们把孩子一天的作业仔细整理一下，就会发现，虽然"作业"只有两个字，但是每天的作业常常是很多项。比如语文，要写8行生字，要背古诗；英语，可能要背10个单词，还要熟读课文；数学要写50道口算；体育要跳绳50个、仰卧起坐20个；还有美术要做个手工，要画个手抄报……这么多作业，如果都记在脑子里，就会带来隐形的压力，孩子一坐下来要写作业时，大脑只感觉到"有好多好多作业"，要做这个、那个，还有那个……唉！这么多作业，压力好大！不知道从哪儿下手。这时"压力"这两个字会实实在在地作用于孩子，关键是孩子还说不清楚到底压力在哪儿，只是感觉要做的事情好多好多，但又不知道从哪儿做起。当他感受到这种隐形压力而又难以着手时，就会想要逃避。

尤其是低学龄段（一到四年级）的孩子，他们在意识层面上对压力解释和管理的能力还很弱，但在潜意识层面上逃避压力的本能却很强。这就使得他们虽然常常在意识层面告诉自己"赶紧写，写完就得了"，但在潜意识层面因为感受到任务太多、太难带来的隐形压力，感受到以往执行这些任务时所伴随的挫折情绪，而本能地通过磨蹭和拖拉来缓解痛苦、逃避压力。精神分析学派的冰山理论认为，我们的人格就像一座冰山，冰山露出水面以上的部分是我们的意识，水面以下的部分是我们的潜意识。决定这座人格冰山走向的不是露在水面以上的意识，而是在水面以下的那个大大的潜意识。

所以要想解决孩子写作业磨蹭、拖拉的问题，一定要帮助他们将潜意识中的压力化解，让作业变得不难，而且做起来有成就感，让他们在潜意识中对作业不再痛苦和逃避。我们可以先将任务太多太难所带来的隐形压力外化，做可视化处理；再将太多太难的任务做分解，变成小的、容易启动的任务，减少启动过程中的阻力；并在逐步完成任务的过程中体会每一个小小的成就感，让任务的执行更容易、更流畅。

打、骂、吼带来的坏情绪，让孩子看到学习就想要逃避

当孩子面对作业有压力，想要逃避而一直磨蹭不动笔时，父母会怎么做？开始时，我们可能还会很耐心地提醒他："开始写吧，早点写完，有时间还能出去玩一会儿。"过了一会儿，如果

孩子还没有启动，我们就会催促他："赶紧写，快点写！别又弄到很晚。"再过一会儿，如果孩子还是没进入状态，我们往往就急了，伴随着急躁的情绪，打、骂、吼铺天盖地就出现了。

父母的打、骂、吼会让孩子对学习更加逃避。行为主义心理学理论中有一个核心概念——"条件反射"，是指如果一个刺激与另一个刺激多次同时出现，形成稳固联结后，该刺激单独出现时也能够激发起另一个刺激的反应，引发条件反射。心理学家巴甫洛夫对狗流口水的反应进行实验后提出了这个概念。在本能上，狗看到食物会流口水，这是先天的无条件反射；狗听到铃声不会流口水，也就是铃声与流口水之间本来没有关系。实验中，研究者将铃声与食物多次同时呈现给狗，对狗而言，铃声与食物之间就形成了稳固的联结。之后单独给狗呈现铃声而不呈现食物时，狗也会流口水，即狗在铃声与流口水之间形成了条件反射。

对孩子的学习来说也一样，父母的打、骂、吼会引起孩子害怕和烦躁等消极情绪反应，这是先天的无条件反射；但如果这次孩子作业写得慢，父母打他、骂他、吼他，下一次作业写得慢，父母又打他、骂他、吼他，写作业这件事跟父母的打、骂、吼多次结合之后，它们之间就会形成稳固的联结。形成稳固的联结之后，只要一写作业，孩子就会想起父母的打、骂、吼，被父母打、骂、吼时的害怕和烦躁等坏情绪就同时被激活了，也就是写作业与打、骂、吼所引起的坏情绪之间形成了条件反射。所以，很多孩子不是在题太难或者作业太多，写不完时才觉得烦躁，而是往桌前一坐，上次被父母打、骂、吼所导致的坏情绪就来了，他们就会觉得"好烦啊，真不想学习"。

田老师知识卡

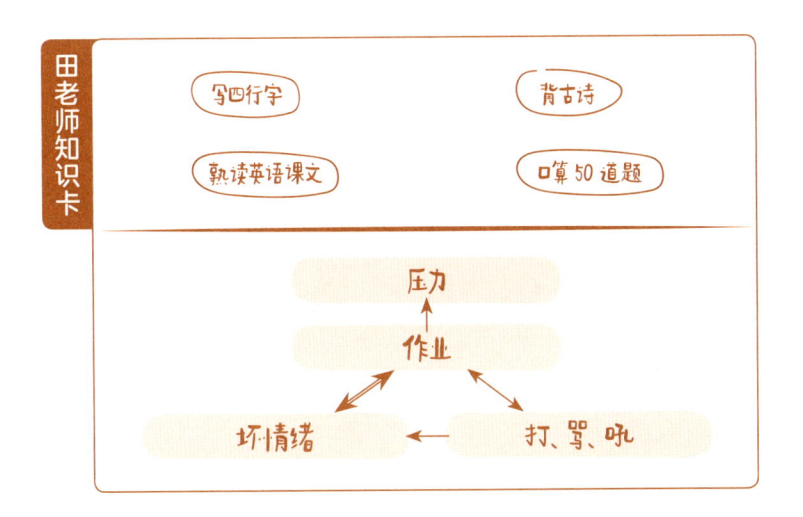

- 写四行字
- 背古诗
- 熟读英语课文
- 口算50道题

压力 ↔ 作业 ↔ 打、骂、吼 → 坏情绪

一方面，太多的作业带来隐形的压力让孩子不知道该如何启动学习；另一方面，父母打、骂、吼带来的坏情绪让孩子本能地想要逃避学习。所以，我们要想让孩子快速启动，马上开始高效地写作业，就需要把作业与压力及坏情绪剥离开，运用正确的、科学的方法，让孩子写作业能够快起来。

20秒法则：让孩子快速进入学习状态

从大脑的神经机制上看，个体的神经活动过程与认知加工密切相关，感觉、知觉、注意、记忆、思维等各种类型的认知活动都要以神经系统活动为生理基础。要想启动学习状态，开展认知活动，孩子需要在写作业这件事上激发神经兴奋，并让这个神经兴奋状态持续下去。如果某个作业特别简单，需要的神经启动能量很少，这个作业就很容易启动起来；但如果这个作业特别难，或者特别复杂，需要的神经启动能量很多，那这个作业就很难启动，孩子就会半天都进不了状态。所以我们常常看到，如果让孩子写20行字，孩子会觉得："那么多的字，看着都发愁，我不想写！"但如果对孩子说："来，这三个字，写一下，我看看。"孩子会过来问："哪三个？好，我来写。"他很快就写完了。太复杂、太难的任务很难启动，因为它需要的启动能量多；而简单的任务很容易启动，因为它需要的启动能量少。

"20秒法则"的运用原理

心理学家肖恩·埃科尔经过一系列研究，提出了一个重要的法则——20秒法则。神经启动需要能量，如果一件事情需要的启动能量很多，启动时间超过20秒，那这件事情就较难启动；反过来，如果一件事情需要的启动能量很少，启动时间不到20秒，那这件事情就很容易启动。所以我们看到，如果让孩子把一首诗读一遍，启动时间不到20秒，孩子会觉得很轻松，就容易启动；可是如果让孩子背诵一篇200字的课文，启动时间超过20秒，孩子会觉得很难，不愿意启动。

生活中也一样，我们常常有这样那样的计划："今天是周末，我要把家里打扫一遍，把衣柜里的东西都翻出来整理一下，把冬天的衣服全洗了，把春秋的衣服收拾好，把厨房的墙壁、台面擦一遍，再把……"把整个家打扫干净的任务虽然很让人心动，但是这个任务太大，所需要的启动能量太多，就算有再大的决心，也不好启动。于是我们总是一边下决心行动，一边想要放松逃避，忍不住想拿起手机先看两个视频放松一下，可是拿起手机后就玩起来了，一上午啥也没干，磨磨蹭蹭，计划泡汤。反过来，如果我们把这个计划改一改，改成一个顺手就能做到的小计划，比如周末早上洗完脸的时候想——"我要把洗脸台上的香皂、牙刷、牙膏、洗面奶都放到合适的位置"，这样的小任务启动起来就容易多了。而且我们会发现这样简单地收拾收拾，很容易见到效果，洗脸台就干净了；洗脸台一干净，我们体会到微小的成就感，心理力量会增强；这时我们很容易就行动起来，把衣服扔到洗衣机，把毛巾挂整齐……一件事接着一件事，我们就把整个家收拾干净了。

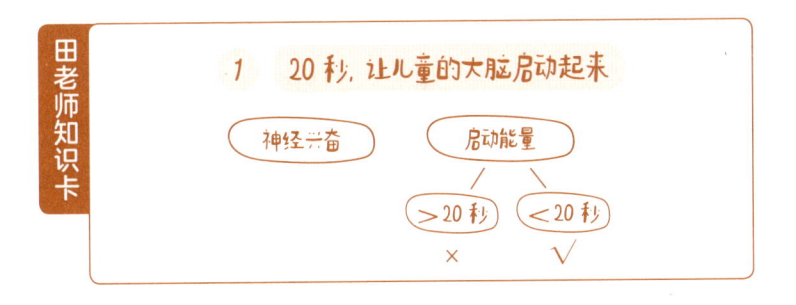

田老师知识卡

1　20秒，让儿童的大脑启动起来

神经兴奋　　启动能量
　　　　　　＞20秒　＜20秒
　　　　　　　×　　　√

一件事刚刚启动时需要的能量往往很多，就像汽车刚启动的瞬间耗油或耗电都很多，但它一旦行驶起来，油耗或电耗就会下降。孩子学习也一样，启动进入状态不容易，但一旦他开始启动，进入状态了，后边学起来就会顺畅很多。所以，在前面开始启动学习时一定要保证任务足够小，需要的启动能量要少，启动时间短于 20 秒的话，这件事就容易启动。

肖恩·埃科尔曾经用自己做了一个实验。他有段时间总是喜欢看电视，每天回到家往沙发上一坐，顺手拿起遥控器一按，就开始看电视，一看就是一整晚。但是他心里并不喜欢自己的这种状态，常常看了一晚电视后，觉得很空虚，还有点愧疚，觉得自己今天又一事无成，他更希望自己做弹吉他、看书等"有意义的事"。那时他讨厌地把自己称为"沙发土豆"，觉得自己每天像个土豆一样窝在沙发里，一窝就是一晚上。他不想过这样的生活。后来他就想：能不能每天晚上关掉电视，弹弹吉他。于是，埃科尔就做了一个计划，他知道一个习惯的养成需要 21 天，所以他做了一个 21 天计划表格，每天完成弹吉他的目标就打一个钩，希望等到 21 天后钩都打满了，他就养成了自己喜欢的习惯。可是，21 天过去了，埃科尔难过地发现他一个钩都没打。为什么会这样？等他去研究这两件事的启动能量时，他就明白了为什么自己做不到。坐到沙发上拿起遥控器打开电视，1 秒就启动了，多容易啊！可是吉他在壁橱里，他需要站起来，走过去，打开壁橱，拿出吉他，刚好 21 秒！超过了 20 秒，这事儿很难启动。

怎么办？埃科尔以他自己提出的"20 秒法则"来解决问题。要想启动一件事，启动时间要少于 20 秒才容易启动，根据这个法则他做了两件事：第一件事，为了不看电视，他把电视遥控器里的电池取下来，然后走 20 步放到壁橱的抽屉里，下次等他坐进沙发准备看电视："哟，没电池，怎么办？"站起来走 20 步，用 20 秒去那边拿出电池再装进去？太费劲了，还是不看了！所以当他增加不想做的事情的启动能量时，就很容易不再做了。那么怎么能把吉他弹起来呢？他做的第二件事是买了一个吉他架，放在客厅中间。吉他就放在这儿，每次从这儿走过时他就会拨动一下琴弦，一拨动琴弦，吉他美妙的声音就传了出来，"哇，真好听"，他就忍不住拿起吉他弹了起来。拨一下琴弦，启动时间只需要 1 秒，很容易启动。结果，不需要 21 天表格，只要把这个事情的启动能量一转换，增加不喜欢的事项的启动能量，减少喜欢的事项的启动能量，目标的实现就变得很容易了。用埃科尔的话来说："关键的 20 秒，可以将坏习惯从阻力最小的路上移开，将想要的行动和结果置于阻力最小的路上。"

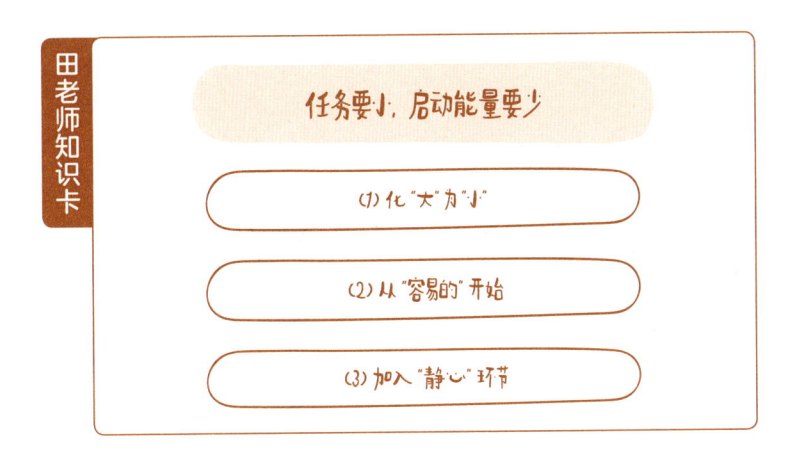

田老师知识卡

任务要小，启动能量要少

(1) 化"大"为"小"

(2) 从"容易的"开始

(3) 加入"静心"环节

孩子的学习也一样，如何能够让孩子快速启动？最重要的就是把学习置于阻力最小的路上：把第一个学习任务所需要的启动能量变小，让启动变得容易，快速地让孩子的大脑神经在这件事情上兴奋起来、启动起来。

在启动任务的安排上有三个原则，可以缩小启动所需的能量。

原则一：化大为小、化整为零

如果因为任务太大而难以启动，我们就要帮助孩子把这个大任务分解成几个小任务，任务越小所需启动能量越少，就越容易启动。

比如让孩子去背一首诗，如果有点难，我们就要考虑如何降低启动难度。我们可以对他说："来，我们先把这首诗读三遍。"背诗很难，但读诗很简单，简单就容易启动。等到孩子把诗读熟了，心也静下来了，再背就变得容易一些。写生字也一样，如果孩子一下要写8行字，他会觉得任务很难，不容易启动，怎么办？我们先让他迈一小步，先请孩子观察这些字："孩子，这8个字的字体结构有什么特点？你给妈妈讲一讲！"每个孩子都喜欢观察，并且喜欢表述自己的观察结果，他就会给妈妈讲这个字是什么样的结构，那个字有什么样的特点。妈妈听完一定要给他反馈："是啊，孩子，还真的是这样。"这样孩子在讲字的过程中大脑神经就逐渐兴奋起来了。然后我们可以再向前迈一小步，请孩子写一两个字："嗯，讲得真明白！来，你写第一个字，我看看。"孩子写第一个字时，他的大脑神经逐步启动，再接着往后写就没那么难了。

所以，第一个原则就是要化大为小、化整为零，把一个大的学习任务分解成一小块、一小块的任务，尤其第一个小任务要足够小，所需要的能量要足够少，这样就能够让孩子迅速启动。

我们也可以用这个方法的思路来解决孩子做卷子发愁的问

题。有一个妈妈带孩子来找我咨询,说孩子写作业慢,一张数学卷子要做三四个小时,甚至会做一个晚上。

我问孩子:"数学卷子对你来说很难吗?一个晚上三四个小时,坐在那儿盯着这张卷子,也很痛苦吧?"

孩子说:"是呀,那么多题看着就发愁,就觉得痛苦。"

我说:"是呀,一张卷子七八道大题,包括几十道小题,确实多得让人愁。那如果今天你拿到一张卷子,打开一看发现卷子上只有一道大题,你只要完成这道大题就算完成任务,这张卷子对你来说还难不难?"

孩子说:"就一道大题的话,只要我会做,那做起来应该不难。"

我拿出一张白纸,说:"好呀,那这样,现在你看一下卷子上有多少道大题。8道,来,在纸上从上到下写上'1、2、3、4、5、6、7、8' 8个序号,代表8道题、8个任务。现在看看序号1,再看看这张卷子的第一道大题,你要做的不是整张卷子,而只是第一个任务,你眼前要做的事就是完成第一个任务,完成后到这张纸的序号1后面打一个钩,代表你完成了这个任务。好,看着第一道大题,只面对这一个任务,你觉得怎么样,觉得难吗?"

孩子说:"比看整张卷子的感觉好多了,只做第一个任务感觉不太难。"

我问:"那你有信心把注意力集中起来,把第一个任务完成吗?"

孩子说："有信心，行！"

当孩子完成时，我请他在数字"1"后面打钩。这就意味着他完成了第一个任务，并在完成任务时，在打钩时体会到了一种小小的、踏踏实实的成就感。

这时我再问孩子："好呀，完成了第一个任务。现在看看序号2，再看看第二道大题，你现在要做的就是完成眼前这一个任务，觉得怎么样，难吗？有信心吗？"

孩子说："有信心，行！"

当他完成时，我请他在数字"2"后面打钩。

…………

这样，孩子在咨询室里用了不到一个小时的时间就把原本"每次磨蹭三四个小时的卷子"完成了。这种做法就是化大为小、化整为零，把任务分解后，孩子面对的不是一整张卷子，而是一道题，每做完一道题都会得到一个反馈——"完成了"，他的内心体会到一个小小的成就感。这样，孩子面对的就是一道一道的题目，任务就很小。孩子心中知道"我现在的目标只是做眼前的一道题，我只要开始做，一会儿就能完成"。这样分解开的任务每一步启动起来就都变得顺畅了。

原则二：从"容易的"开始

坐到桌前开始学习的时候，不要一上来就让孩子做他不想做的事、不容易的事、不喜欢的事，这会使得孩子更难以启动。我们可以先观察一下孩子最喜欢什么作业，什么作业对他来讲最容易启动，就从那个容易的作业开始。这就像试卷的题目分布一样，一套试题，前面一定是选择、填空这些简单的题，它不会一开始就来一道阅读或应用题。阅读题和应用题需要的启动能量太大，如果孩子开始就卡住了，会影响后面的考试状态。从简单的选择题和填空题开始，就容易让孩子进入状态。

孩子写作业的时候也要遵循这样的原则，第一个任务要选择对他而言容易的、喜欢的，这样学习任务的启动就会变得轻松。一般来说，写字和读课文是常用的启动任务，有的孩子喜欢动手，愿意写字，流畅书写的动作能够激发他的专注状态；有的孩子喜欢动嘴，愿意读课文，朗读的过程能够让他静下心来。不管是简单的写还是读，只要开始启动并完成第一个任务，孩子就能够体会到小小的成就感，得到积极的反馈，让他的心理能量得以增强，这样后面学起来就会更流畅。

原则三：加入静心环节

我们一般要在孩子兴奋地玩耍和安静地学习之间加入一个静心环节进行过渡。如果孩子正玩得特别兴奋，疯狂地跑来跑去，或者非常投入地玩游戏，这时我们对他说"孩子，该写作业了！过来学习"，试想孩子会有什么感受？他的身心和大脑神经都处于激活的兴奋状态，要想让他立刻坐在桌前学习，他首先要用抑制的力量给游戏的兴奋状态使劲踩刹车，然后在作业上打火燃起一个新的兴奋。这就意味着"进入学习状态所需能量 = 抑制游戏兴奋所需能量 + 在作业上燃起兴奋所需能量"。刹住游戏兴奋的过程和启动学习的过程同时进行，需要耗费的能量太多了，这就使得孩子即使坐下来，满脑子想的也是游戏，"人在心不在"，半天进入不了学习状态。

这时，我们需要在游戏和学习之间加入一个静心环节进行过渡。通过这个静心环节给孩子一点时间，让他在游戏中兴奋的神经冲动冷却下来，让他的心静下来，做好写作业准备。这个静心环节一般可以做三件事：上厕所、喝水、准备文具。我们可以跟孩子说"来，去上个厕所，去喝点水""好呀，你估计做这个数学作业需要几支铅笔？你来削好"。孩子喝完水、上过厕所、削完铅笔，他的心就逐渐安静下来，他把铅笔刀往旁边一放说："好了，都准备好了，我现在可以开始学习了。"这样每次学习前，上厕所、喝水、准备文具三件事做下来，孩子就静下心来了，他就不需要抑制原有在游戏中的兴奋而消耗能量，就可以用全部的能量开启学习。

当然，父母也可以创造性地用一些更幸福的事作为静心环节。有一个妈妈跟我讲，她儿子玩游戏时特别兴奋，仅仅通过上厕所、喝水和准备文具还不足以让他平静下来。我就问她："那你能不能找一件对孩子来说更有吸引力、更幸福的事，做这件事时能给孩子多一点时间来平复游戏中的兴奋，但又不会让孩子的大脑神经在这件事上太兴奋？能不能找到这样一件事？"妈妈说孩子喜欢吃甜食，可以给孩子吃点饼干或小蛋糕之类的点心。于是我就建议把吃点心这件事插在传统三件静心事项之前。这样等孩子游戏时间结束时，妈妈对孩子说："过来吃点心。"孩子一边幸福地吃点心，一边让兴奋的大脑神经平复下来，而且在这个过程中，点心让他的身体能量得到了补充，而妈妈温柔的关爱让他的心理能量得到了补充。这样吃完点心后，孩子就能够平静又有力量地启动学习状态了。

通过静心环节，调整好学习状态，然后从小的任务开始，从容易的作业开始，孩子就能从容地面对作业。作业在他眼前就不再是无处下手的一大堆事儿，他要做的只是在眼前的小任务上启动，一旦启动起来，后面的坚持就会更容易。这就是"20秒法则"，它可以让孩子快速启动学习。

清单法：确定作业顺序，一一搞定

清单法很简单，但它却是戴维·艾伦提出的GTD（Get Things Done）时间管理技术的核心方法，也是最有效的方法。这种方法就是将所有要做的事情先整理出一个清单，然后将清单上的内容分门别类，安排时间完成。通过清单法可以有效地解决拖延问题，提高做事效率。将这一方法用于孩子的作业管理，能够大大地减少作业压力，让孩子根据清单顺序将作业一一搞定。

第一步：清空大脑，一次只做一件事

假如孩子今天回来要做五项作业，如果这五项作业全记在大脑中，这种隐形的、说不出来的压力会让他觉得很烦，无从下手。而且这五项作业一直在大脑中盘旋，也需要占用大脑资源，孩子就需要一边做作业，一边留出一部分大脑资源记住这些

任务。但是，我们的大脑资源也是有限的，认知负荷理论认为所有的学习和认知活动都要消耗大脑的认知资源，如果认知活动需要的资源总量超过了我们个体拥有的资源总量，就会引起资源不足而影响学习和认知效率，即发生"认知超载"。对孩子的作业而言，如果记住作业占用了一部分资源，用剩余的资源再去完成作业，可能就会因为大脑资源不足，导致他们没法集中精力完成作业。

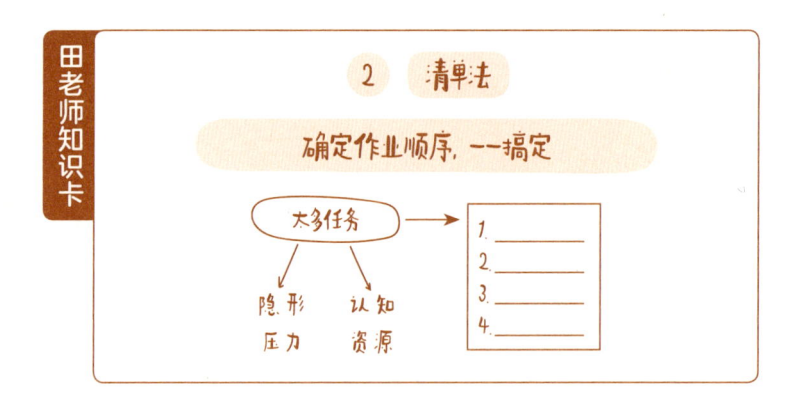

田老师知识卡

2 清单法

确定作业顺序，一一搞定

太多任务 → 1.＿＿＿ 2.＿＿＿ 3.＿＿＿ 4.＿＿＿

隐形压力　认知资源

在学习前，我们一定要做一件事情——把大脑中隐形记忆的那么多任务，从大脑中外化出来，建立一个外在的、能够看到的清单。如果有五项作业，就把它们都列出来，第一项、第二项、第三项……写在清单上。当这些事情都写到清单上时，大脑就清空了，就不用一边写着口算，一边琢磨着"英语单词还没背呢，要不先读古诗吧……"这时，大脑所有的资源都可以拿来做眼前的这项作业。

这样，我们通过建立一个清单，把大脑中隐隐约约的、说不清的任务全部拿出来，写到外在的、可视化的清单里。

第二步：建立清单

把所有任务都整理出来后，这个清单怎么整理，怎么排序呢？建立清单时有以下四个要点。

要点一：从简单的、喜欢的开始。根据20秒法则，简单的、喜欢的任务启动时的阻力最小，能够快速启动。我们可以根据孩子的特点和喜好去选择这样的任务放在前面。每个孩子喜欢用哪件事情来启动是不一样的，我们要去观察和琢磨自己孩子的特点，看孩子先做哪件事最容易启动，下次就从这件事开始。

要点二：每天清单的顺序要基本固定。比如今天清单要做五件事，孩子按照读课文、背古诗、写字、口算、背英语的顺序，觉得还不错，那么第二天尽量还按照这个顺序执行。如果顺序基本固定，那么孩子就会形成习惯，形成习惯后行动起来就会更容易、更流畅。坚持一段时间后，孩子对这个顺序心里有数了，每天都按照这个顺序执行，他就会对整个任务有一定的掌控感。

要点三：让孩子自己决定清单顺序。清单中第一件事一般是固定的，用简单的、容易的、喜欢的事来迅速启动。启动完之后的任务顺序，不同的孩子就不一样了。有的孩子喜欢先做简单的，他确定任务的顺序是从易到难，把简单的事一件、两件、三件、四件都做完，一看只有一件最难的事了，"加油，我接着把最后这个任务搞定就行了"。他就会觉得，前边四件做完了，很不错啊，只有一件了，集中精力做完就好了，这时哪怕再难，他咬着牙都愿意坚持完成。也有些孩子可能不是这样的，在做完简单的、容易启动的事之后，他会说："我要先把那个最难的搞定，然后再做剩下那三个简单的。"这样把最难的任务搞定之后，他就会有成就感："嗯，最难的已经搞定了，就剩这几个简单的了，小菜一碟，一会儿就完事儿！"不同孩子的喜好模式有差异，不管孩子选择什么顺序，家长都要让他自己决定，他会觉得"都在我的掌控之中"，对作业就会越来越有掌控感。

要点四：让孩子自己整理清单。清单到底怎么整理？是父母给整理，还是孩子自己整理？还是打印一个现成的模板直接用？答案是：清单最好让孩子自己整理。这样，孩子会慢慢地把整理清单这件事变成自己的习惯，不管是小时候做作业，还是长大后做工作，他都会习惯于把事情梳理一遍，比如有哪些事要做，每件事大概有哪些要求。清单整理完了，他就会形成自己的思路，对自己要做的事心里有数。更重要的是，整理清单的过程实际上已经激活了他对后面内容的学习状态。比如，先看看英语作业有什么，需要读五个单词，"嗯，是这五个单词"；再看看数学作业有什么，要做第 64 页的三道题，"大概是什么类型的题，我知道了"；再看看语文作业有什么，"语文要背这首诗，这首诗我读过了，还蛮喜欢"。这个整理清单的过程实际上就是在预热，可以让后面学习的启动更容易。

田老师知识卡

清单顺序
- 从简单的、喜欢的开始
- 每天清单的顺序要基本固定
- 让孩子自己决定清单顺序
- 让孩子自己整理清单

第三步：每次拿出一个任务来做

每次只做一件事！每次学习时，大脑中只有一个任务，没有那么多事情牵绊，孩子的心理压力就会很小，而且大脑会有更多资源去更好地做眼前的任务。

清单整理好了，原来让孩子感觉"压力山大"的成堆任务就变成了一个外在的、可视化的清单，接下来孩子要做的就是每次从清单中拿出一个任务来做。比如，孩子当前只做读课文这件事，那就专心读课文，等把课文读熟了，不会的字都认识了，读得很流利，第一个任务完成了，就在清单上的这个任务后打个钩；然后再开始第二个任务，集中所有精力到这个任务上。

清单法最重要的作用就是清空大脑，帮助孩子把所有的作业从大脑中清出来，不再感觉压力大、无处下手；帮孩子建立一个可视化的清单，从中选出一件事，调动所有大脑资源集中精力做好眼前这一件事。

田老师知识卡

清空大脑，一次只做一件事

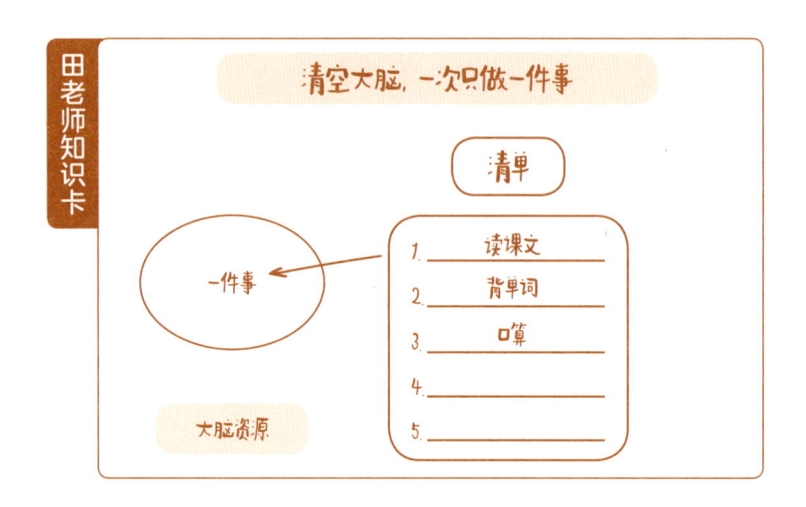

清单
1. 读课文
2. 背单词
3. 口算
4. _____
5. _____

一件事

大脑资源

打钩法：让大脑及时获得奖励

打钩是特别重要的一步，有点像画龙点睛。我们每完成一个清单中的任务，就对应地在这个任务后打一个钩。打钩看着简单，意义却很重大。为什么？因为我们的祖先经过几百万年的进化，遗传了一个重要的神经奖赏机制，就是当我们成功完成一件事时，大脑中就会分泌一种化学物质——内啡肽。内啡肽是一种重要的物质，它会让我们在完成任务的那一刻，体会到一种成功的喜悦感、成就感，感觉到自己被奖赏了。打钩可以将这种成就感和喜悦感固化下来，使之成为学习的内在动力。

田老师知识卡

3 打钩法
完成任务让大脑及时获得奖励

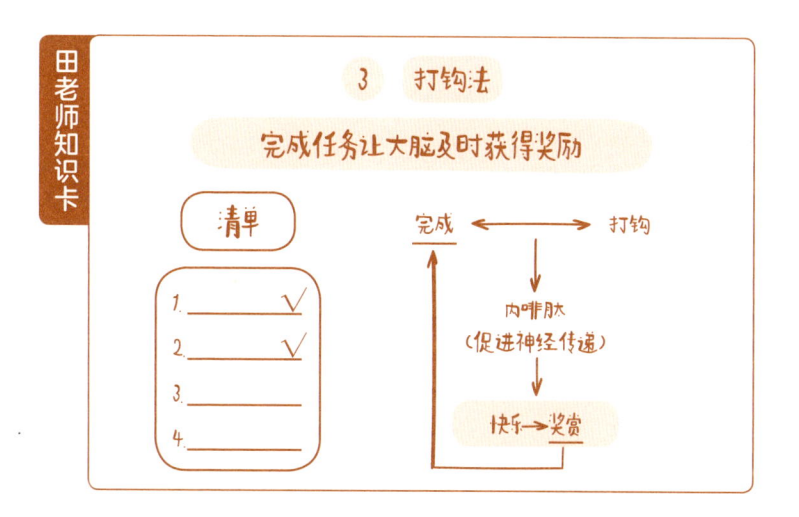

清单
1. ___ ✓
2. ___ ✓
3. ___
4. ___

完成 ↔ 打钩
↓
内啡肽
（促进神经传递）
↓
快乐 → 奖赏

作用机制：完成时的喜悦让努力行为得以强化

行为主义心理学强调"强化"，就是一个行为如果有好处，这个行为就会被强化而持续下去。如果我们每次完成一项任务都得到快乐，感觉自己被奖赏了，那下次我们就会更愿意完成这项任务。

孩子写作业就是这样，可能写的时候还有些纠结，不太爱写，但是当他写完时会体会到一种实实在在的喜悦，因为完成的那一刻大脑分泌了内啡肽。打钩的作用就是把这种喜悦感固化下来，每次完成一项任务都会打一个钩，打一个钩就标志着"完成了，好有成就感，好快乐"。如果每次完成时孩子都打钩，就会把刚才体会到的快乐感受增强一点。这样，慢慢地坚持一段时间后，当手头的作业还没开始做时，孩子就知道"现在有点压力、有点难，但是我坚持一会儿，完成了就会很快乐"，孩子就会更愿意坚持。如果孩子每次在任务完成时都能体会到快乐和喜悦，那么下次开始写作业时，他就会对完成时的这份快乐和喜悦有所预期，就会更有动力去开始。

所以，打钩法会让孩子更多地体会到完成任务时的喜悦感，完成一个打一个钩，最后整个清单都打了钩，孩子就知道"哇，我全部完成了"，他就会在心里给自己打一个大大的钩，得到一种大大的喜悦感，就会感觉"作业虽然难，但是我愿意做"。

打钩的同时，给孩子"同频"反馈

家长在孩子完成作业的时候，一定要给孩子一些肯定性的反馈。但是，不要只是简单空洞地对孩子说"你真棒""你真厉害"之类的话，家长不要随意增加人为的外在评价。内啡肽让孩子大脑内部具备了神经奖赏机制，完成作业的时候他能够体会到快乐，这时，家长只需要跟随孩子的感受，同频表达我们的感受就行了。我们可以说"哇，完成了，真好！""呀，又做完了一题！"，一起感受他完成作业时的喜悦和快乐。

我们可以观察孩子的情绪，在情绪上与孩子同频，用同频的情绪回应孩子的感受。可以用言语信息，也可以加上一些非言语信息，比如我们的眼神、表情、动作，我们用这些信息综合表达对孩子的肯定和欣赏。我们可以点着头赞同地对孩子说："哇，完成了，真好！"孩子会觉得"嗯，真好"；我们可以有点惊讶地说："呀，这么快就完成了，好快呀！"孩子会感受到:"你都没想到我这么快,对不对?"我们带着欣赏之情说:"哇,孩子,课文全背完了呀?"孩子会用很成熟的语气说:"嗯,都背完了。"说这些就够了,我们不要给孩子太多的外在评价,只是简单地根据孩子的情绪同频反馈就行,让孩子体会到"爸爸妈妈对我信任,爸爸妈妈肯定我,爸爸妈妈欣赏我,我自己也肯定自己,也欣赏自己",慢慢地孩子就会变得越来越有信心。

把完成任务时的成就感稳定为内在学习动机

有些家长喜欢跟孩子说"快点写作业,写完就可以去玩游戏了""快点写,写完就可以去看电视了",这样也许当时会提高孩子的学习速度,但也会为孩子后面学习动机的养成带来隐患。

有一位妈妈跟我讲,她曾经和孩子商量:"如果晚上能够在8点半之前完成作业,就可以玩半小时的游戏;如果能更早完成作业,那9点前省下的时间都可以自由安排玩游戏。"孩子一听很开心,第一天加快速度写作业,写得很专注、效率很高,果然在8点半之前就完成了,玩了半个多小时游戏;第二天,他继续加快速度,又在8点半之前完成了,又玩了半个多小时游戏;第三天,他仍然速度很快,又在8点半之前完成了,可妈妈发现他的字写得有点潦草,还有个别的填空题没做,妈妈要求他改好才能去玩,孩子很不情愿地改,在改的过程中还很不耐烦;第四天,他仍然写得又快又潦草,妈妈要求改,孩子不情愿;第五天他还是这样,妈妈就生气地说"你如果总是这么糊弄、不用心,那以后就不能玩游戏了",孩子也很生气地说"我不想玩了,我也不想写作业了,以后你不要管我了"。

为什么母子间会出现这样的冲突?表面的原因是,妈妈一开始提要求时,只提了速度要求,可当孩子能够快速完成作业时,妈妈又开始提质量要求,这让孩子觉得不公平,自己努力提速后还需要反复修改,努力提速也没有办法挤出自己想要的游戏时间。但深层原因是,孩子提速的动机是有时间玩游戏,这个外在动机难以让孩子对学习本身产生兴趣和内在动力。妈妈说"快点写作业,写完就可以去玩游戏了",孩子在写完作业的那一刻想的就是"太好了,我可以去玩游戏了"。那一刻,他没有停下来去体会完成学习任务本身的成就感和喜悦感,而是立刻把注意力转到游戏上了。把作业写完就可以尽快去玩游戏,这就意味着"游戏有吸引力,是有意思的事,作业是令人讨厌的事",也就意味着"作业是游戏的阻碍,我其实不想写作业"。如果每次都是这样,孩子完成再多作业,都很难体会到完成任务时的那种成就感和喜悦感,孩子对学习本身就难以产生内在动机。

其实,孩子完成作业的一个重要内在动机就是"我想要完成,每次完成时会很开心,准备开始做作业之前我就知道,虽然面对作业有点烦,但一会儿完成时我会很开心、很有成就感,所以我要努力完成它"。如果孩子体会不到这种感觉,他的内在学习动机就会一直激发不出来。所以,打钩法的根本目的就是让孩子体会完成作业时的成就感和喜悦感。这样一段时间下来,孩子学习的内在动机就会稳定下来,就会越来越愿意去行动,形成正面循环。我们在陪伴孩子学习的过程中，一定要帮助孩子积累这种成就感和胜任感，将这份成就感和胜任感逐渐稳定成为学习的内在动机，成为孩子坚持学习的动力源泉。

田老师知识卡

① 打钩

② 言语："哇，完成了，真好！"

③ 非言语：眼神、表情、动作

小结

如何能够让孩子快速启动，马上开始写作业？

方法一：20 秒法则。神经的启动需要能量，如果任务足够小，需要的启动能量足够少，那么大脑就能快速启动。所以从那些容易的、孩子喜欢的、能迅速启动的作业开始，让孩子更容易启动，进入学习状态。

方法二：清单法。把所有的作业梳理成一份清单，把大脑中这些无形的、有压力的任务都拿出来，列出可视化清单，这样大脑清空了，没有杂乱的任务压力，每次只做一件事，大脑就可以集中全部精力完成眼前任务,直到一项一项完成。

方法三:打钩法。在清单上,每完成一个任务打一个钩。体会完成任务时的快乐,让打钩强化这种快乐。让孩子每次面对任务都会想:"虽然现在我有点儿不想做,但一会儿做完的时候我会很快乐。"这样,孩子就再也不会害怕写作业了。

课后操作手册

练习一:整理并执行今日任务清单

1. 整理今日任务清单

与孩子一起,把当天所有任务填到今日任务清单表格"任务"一栏中。将大脑中记得的任务外化为可视化清单,一方面能减轻大脑压力,另一方面能增强孩子对任务的掌握感。

任务可以分成两部分:一部分是"作业",包括学校各科作业和课外自学任务;另一部分是"其他事项",包括当天的个别化任务,比如准备彩纸、准备文具或衣服、视频打卡等。

日期:　　　　　　　　　　　全部完成

	任务	预估用时(分钟)	难易程度	任务分解	排序	完成
作业	读两首古诗					
	口算50道题					
	数学第34页4、5题					
	英语第6课单词(背)					
	英语第6课课文(读)					
其他事项	准备彩纸					
	口风琴《新年好》视频打卡					

2. 了解任务并预估用时，准备材料

首先，初步了解每项任务的要求，判断每项任务所需时间，填写到预估用时一栏。大概翻看一下每个任务的要求并预估用时的过程，能够让孩子了解作业，对作业心里有数，这也是在为接下来的学习做神经预热。

然后，准备每项任务所需材料。桌子上准备一个横式文件架或立式文件筐[①]，在查看任务的同时，将完成任务时需要用的书和材料分学科放进去。这样在使用时更便利，能够降低中间找学习材料而走神的概率；而且准备材料的过程同样也是神经预热的过程，让孩子能够更容易进入学习状态。

横式文件架 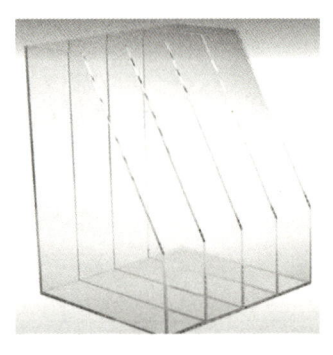　　　　　　　立式文件筐

---

① 横式文件架适合小学低年级学生，在学习材料不多时使用，优点是卷子或单页的纸可以平放，不存在立不住的问题。立式文件筐适合小学高年级学生和初中生，在学习材料多时使用，可以选那种前面没有挡板的，孩子坐在桌前伸手拿取材料也很方便。

小贴士　2分钟分界线

在整理清单事项时，以事情能否在2分钟内完成为分界线。如果事情能在2分钟内解决就立刻解决，比如带彩纸，如果家里有，能立刻找出来，那就直接找出来放进书包，这样做最省时间。如果所需时间大于2分钟，就记下并安排专门时间来解决，比如彩纸需要翻箱倒柜找半天，那就记在清单上，可以安排在休息时再找；或者要用口风琴演奏《新年好》并拍摄视频打卡，用时较长，可以安排在晚饭后休息时做。

预估用时的基本原则：要以孩子近两周完成这类作业的实际用时为基线水平去预估，而不能以家长认为的"应该"用时去预估。比如口算50道题，如果孩子近两周实际的完成时间是10分钟左右，而家长认为"三四分钟就能完成的事，怎么拖那么久"，那就应该以孩子的平均时间为标准来确定预估用时。如果以父母的期待时间来规定，会带来一个严重的问题：既然孩子前两周完不成，那今天他也大概率会完不成，而孩子在今天尝试着提高效率，但仍然完不成预估用时目标时将产生无助感。如果总是这样预估时间，孩子多次尝试，多次完不成，则将产生习得性无助而放弃尝试和努力。目标如果完不成，哪怕它再完美、再合理，对孩子而言都没有意义。反过来，如果以孩子的实际完成用时来确定预估用时，好处是孩子大概率能够按预期完成目标，哪怕再低的目标，他在完成时也能够体会到一份微小的"践行承诺"的掌控感；而且这样的预估用时目标能够让孩子的尝试行为产生效果：略微尝试和努力，时间就比预期的早了一两分钟，这会让孩子看到新行为的效果，新的行为将得以强化。

3. 评估每项任务的难易程度，将困难任务化大为小

与孩子一起评估每项任务的难易程度，在难易程度一栏，容易完成的画上 1 颗星，中等难易程度的画上 2 颗星，最难完成的画上 3 颗星。3 颗星的任务通常是孩子"看着就发愁"的任务，和孩子一起讨论进行任务分解。把任务根据具体情况分解成几部分，填写到任务分解一栏，分阶段完成。

比如背单词对某些孩子来说可能特别难，那可以把这个任务分解为读三轮，每轮读三遍，再背：背单词 = 读第一轮 + 读第二轮 + 读第三轮 + 背诵，比如一坐下来学习就直接先读第一轮单词；然后读完两首古诗，再来读第二轮单词；读完英语课文，再来读第三轮单词；之后到第四轮真正开始背的时候，孩子读了 9 遍，已经滚瓜烂熟，再背起来就容易多了，心理压力也小多了。而且这样把任务分解开来，每完成一个小任务都有小小的成就感，就能够化大为小、化整为零、化苦为甜，孩子对困难任务的抵触会逐渐减少，掌控感会越来越强。

4. 对所有任务进行排序

根据快速启动原则，孩子觉得容易的、喜欢的、用时短的任务可以排在前面，以减小神经启动所需的能量。其他任务根据孩子自己喜好的模式排序，将序号填在"排序"一栏。

日期：				全部完成		
	任务	预估用时（分钟）	难易程度	任务分解	排序	完成
作业	读两首古诗	8	★		1	
	口算 50 道题	6	★★		3	
	数学第 34 页 4、5 题	20	★★	4题 5题	5	
	英语第 6 课单词（背）	10	★★★	1读2读3读 背	4	
	英语第 6 课课文（读）	10	★		2	
其他事项	准备彩纸	<2				√
	口风琴《新年好》视频打卡	15（晚饭后）				

到这步孩子就完成了列清单的过程，之后是执行清单和反思总结。

5. 执行清单，并用打钩法锚定成就感

按照排序，拿出第一项任务，开启学习，完成后就在完成一栏中打钩。这个任务是最容易启动的，孩子完成起来不怎么费力。当完成这个任务，再把这个钩打上时，他所体会到的成就感就是实实在在的，这会让他的心理能量更足，后面任务执行起来更流畅。

然后逐步完成各项任务，每完成一个，打一个钩。全部完成后，在表上方的"全部完成"处打上钩。每完成一项任务，孩子的大脑就会分泌内啡肽，他就会体会到完成任务的愉悦感和成就感；而打钩作为一种心锚，会将这种感受锚定下来，使之逐渐成为孩子专心学习和坚持完成的心理力量。

	日期：			全部完成	√		
	任务	预估用时（分钟）	难易程度	任务分解		排序	完成
作业	读两首古诗	8	★			1	√
	口算 50 道题	6	★★			3	√
	数学第 34 页 4、5 题	20	★★	4题 5题		5	√
	英语第 6 课单词（背）	10	★★★	1读 2读 3读 背		4	√
	英语第 6 课课文（读）	10	★			2	√
其他事项	准备彩纸	<2					√
	口风琴《新年好》视频打卡	15（晚饭后）					√

6. 及时反馈，整理总结

　　这个清单法的执行过程一定不会一帆风顺，会出现各种问题，所以完成一天的清单之后，一定要及时整理和总结，好的方面继续强化，不好的方面及时调整。这样经过一段时间，清单的样式、顺序就大致固定下来，越用越流畅。

　　有很多孩子在执行之初会觉得太麻烦，这时要鼓励孩子去尝试一段时间。因为这么多步骤看上去有些麻烦，但实际上这些步骤中包括神经预热过程，能够减轻学习启动的阻力；也包括正向反馈过程，能够让学习过程不断得到强化。这两类过程能够让孩子启动学习的阻力越来越小，坚持学习状态越来越不费力。使用一段时间后，它会成为孩子熟练掌握的方法，几分钟就能搞定。

小贴士　突发事件处理

任务清单中要留有空白位置，用来处理突发事件。在学习过程中孩子常常会突然想起一件事，比如"老师让明天带三个瓶子"，这时家长要怎么说？如果家长说："为什么带瓶子，做什么？"家长一接话，孩子兴奋地解释起来，刚稳定下来的学习状态就被打破了，很难形成专注学习的好习惯。如果家长说"学习时别说这些，休息时再说"，那孩子就要一边学习一边记住这些事，不但容易走神，而且他需要将有限的大脑资源分出一部分来记住这件事，他的注意力需要在学习和这件事情之间来回切换，就更难以专心学习。清单法就能很好地解决这个问题，家长拿起清单说"好，我把它记在清单中，一会儿休息时我们讨论"，并在清单"其他事项"处记下"带瓶子"三个字，问题就解决了。

练习二：孩子完成任务时，给他"同频"反馈

1. 观察孩子的情绪反应

观察孩子完成任务时的反应，包括语言、音调、动作、神态、呼吸的状态，体会和理解他的情绪感受。

2. 镜像同频反馈

像照镜子一样,孩子用什么样的语言、音调、动作和神态,我们就用与他类似的语言、音调、动作和神态,来表达跟他相似的情绪感受。这个就是"镜像同频"沟通技术。从我们的角度来讲,当我们将自己的言语和非言语信息都调整到与孩子一样的频率状态时,我们对孩子的理解会更准确和深刻;从孩子的角度来讲,身体的一致是最高层次的理解,身体的效仿是最高水平的赞许,当我们之间身体同频时,情绪就能够同频,孩子就会感受到与我们之间最紧密、最真诚的联结。

- 孩子叹口气说:"终于弄完了。"家长也叹口气,关爱地说:"啊,终于弄完了,可真不容易。"
- 孩子开心地说:"我弄完了。"家长也轻快地说:"真的吗,真的弄完了?"
- 孩子深吸一口气,有成就感地说:"我弄完了。"家长也深吸一口气、欣赏地说:"啊,真的让你弄完了!"

3. 用三种微小的情绪反应代替正式的鼓励

孩子在每天学习中的进步并不是显而易见的,有时在陪学时家长找不到那种可以"大大夸一顿"的点,这时如果强行夸奖会让孩子觉得家长在用夸奖的方法控制他的行为,年龄越大的孩子越会抵触这种教育意味太强的夸奖。

而且,孩子在学习过程会中有矛盾的部分,比如想快写又有点累,但最终还是坚持完成了;碰到难题不想做了,但还是努力找办法做完了。这时如果家长对孩子的疲累、退缩和内心的冲突视而不见，而孩子内心又有这些感受，家长越是鼓励孩子积极的部分而无视孩子消极的部分，消极的部分越会在压制的过程中被突显。家长要看到矛盾的、真实的、冲突的孩子，再带着微小的情绪反应，通过启发式提问把孩子在这个真实冲突中想学、爱学、会学的萌芽指出来，让想学、爱学、会学的力量得以增长。

情绪反应 1：困惑

"我看到有道题你不会做，你说'我做不出来了，我放弃'，可眼睛一直盯着那道题。虽然题很难，但是你不愿意放弃，对吗？"

这时家长不要说："再难的题，你都不愿意放弃，你都去挑战，真棒。"这种说法太强调积极的力量，有太多的教育指导的感受，会引起孩子的反抗或自我怀疑。这时家长要以困惑的语气去问，看到孩子的内在有两个"他"：一个"他"觉得题难想放弃，嘴里说着不想做；但另一个"他"想再试试，想要坚持。孩子在这个真实的冲突下，会看到完整的自己，他的内心会欣赏自己这个小小的"坚持"的力量。

情绪反应 2：好奇

"我发现你刚才背诗的时候总爱在××词那里卡住，你就把那个词背了又背。你以前没怎么用这个方法，这个效果怎么样，有用吗？"

这时不要用鼓励的语气去评价："我看到你在不会的词上专门用心去背，效果不错吧？你越来越用心了。"这种教育意味过强的鼓励式评价其实有着评价者高高在上的味道，会让孩子内心有种说不清的恼火。家长要以好奇的语气去问，启发式问句能够把着眼点放在孩子的行为和行为效果上，以孩子为师，让孩子的主动性和掌控感得到提升。

情绪反应3：惊讶

"我注意到你刚才有点累了，然后你对自己说了句'加油'，你是在给自己喊加油，是吗？"

这时不要过于着急地说："你在给自己加油，你在主动调整学习状态。"太直白的夸奖会让年长的孩子感到被评价、被控制，他想要逃避这种被评价、被控制的感觉，可能就不想再这样做了。家长要做的是看到孩子的疲累，同时也看到孩子在疲累时用了一点点主动调整的方法。家长要对孩子的新成长和新方法表现出惊讶，惊讶地发现一点点变化。这样孩子就明白自己可以尝试使用不同的方法。他的方法慢慢地越来越多，就越来越不依赖家长。

家长在鼓励孩子时要特别注意把握好力度，不能用力过猛。孩子的新成长、新动机就像刚燃起的火苗，当火苗太小的时候，我们不能用太大的风去吹，那样反倒会把火苗吹灭；而是要用小风轻轻地吹，让火力借着微风慢慢起来，形成自己的力量。

第三章
有效自控→写作业时小动作多，怎么办

注意力不集中会降低学习效率，让孩子的时间都耗在学习桌前，却得不到想要的效果。有位妈妈抱怨说她的孩子"写作业时，小动作多得让人受不了，一会儿玩铅笔，一会儿玩尺子，要不就把橡皮切成小碎块。有一天，他坐那里写数学作业，刚写了一道题，就不知从哪儿撕下来一张小纸条，把纸条揉成团、展开，再揉成团、再展开，玩得不亦乐乎。我在旁边看了5分钟，他都没有发现"。孩子每天完成作业的时间被这些小动作不断拖后，老师也隔三岔五地提醒她："孩子上课玩东西，接话茬儿，严重分散了注意力。"面对这种情况，家长如何帮助孩子减少小动作和走神行为呢？

田老师知识卡

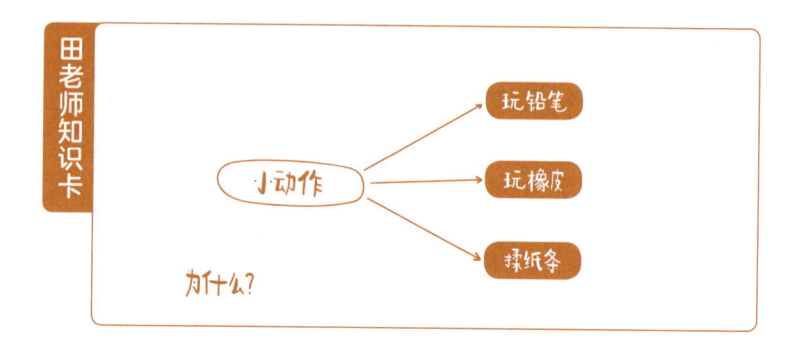

小动作 → 玩铅笔
小动作 → 玩橡皮
小动作 → 揉纸条

为什么？

心理机制：为什么孩子注意力不集中

实际上，这个阶段孩子的注意力不集中与其大脑神经功能的发展有关。我们的大脑神经元有两个基本功能，一是兴奋，二是抑制。这两个功能就像是汽车的加油和刹车系统：兴奋功能就像是给我们的大脑加油，让大脑运转起来；抑制系统就像是刹车，让我们在该停的地方停下来，让我们能够按照预定的路线行动。也就是说，兴奋功能让孩子开启学习状态，抑制功能让孩子把其他干扰刺激引起的兴奋抑制住，把所有力量集中到眼前的学习上。心理学研究者麦克维和凯恩提出的"执行控制失败假说"认为，对干扰刺激执行控制的失败是个体走神的原因。如果孩子想很好地写作业，他就要在写作业这件事情上兴奋起来，同时对其他的事情有效地控制，比如在揉纸条的时候他要对自己说"停下来，把纸条放下"，把揉纸条的兴奋抑制住；想到其他有趣的事，也要告诉自己"别想这些了，回到学习上"，把走神的想法抑制住。这样，孩子才能把所有的注意力集中在写作业这件事上。这个抑制的力量，就是让孩子专心写作业最重要的力量。

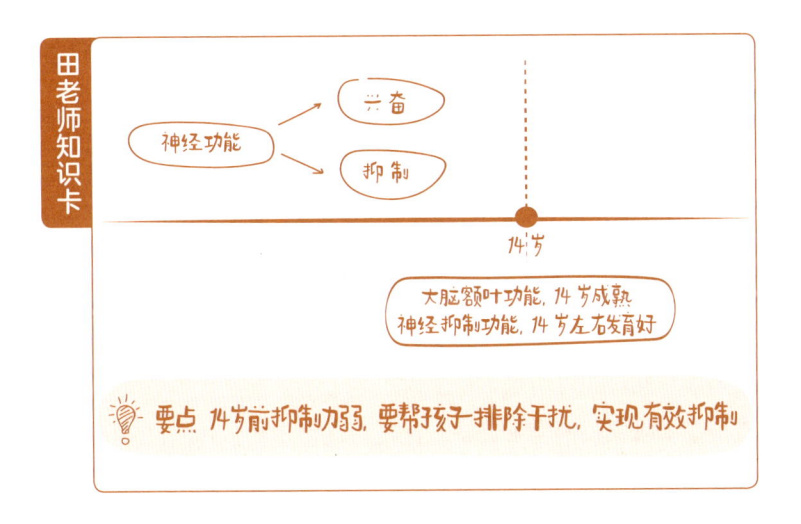

田老师知识卡

神经功能 → 兴奋
神经功能 → 抑制

14岁

大脑额叶功能，14岁成熟
神经抑制功能，14岁左右发育好

💡 要点 14岁前抑制力弱，要帮孩子排除干扰，实现有效抑制

对小学阶段的孩子来说存在的困难是，神经抑制功能要依赖大脑额叶的发育，而额叶要在 14 岁左右才能发育完善，也就是说，14 岁之前孩子的神经抑制功能还没有发育好。这就使得他们容易燃起神经兴奋，不管铅笔、尺子、橡皮，还是其他东西都会让他们兴奋、走神；但抑制功能弱使得他们想要抑制走神的冲动很难，要集中注意力在学习任务上很难。

说好一句话：让孩子从小动作上冷静下来

当孩子的注意力从当前的学习任务转移到其他无关的任务时，他们常常是意识不到的，等他们注意到时可能已经过了很长一段时间。所以我们要帮助他们意识到眼前的走神行为，帮助他们把注意力从手头的小动作拉回到当前的学习任务上。

观察陪学行为，揪出无效的唠叨

家长在发现孩子的小动作时，常常会提出让他停止走神的要求，"别玩橡皮""别玩笔""别走神"。可是孩子往往把这些要求当成唠叨，跟没听见一样，该干啥干啥，甚至玩得更欢。为什么孩子不听家长的要求，越不让玩，玩得越欢？其实这是因为家长提要求的方式不对，准确来说，是因为家长提要求的方式不符合大脑的运行规律。

我们看这三句话："别玩橡皮""别玩笔""别走神"。它们有一个共同的字——"别"。我们的大脑经过亿万年的进化，有很多项功能，但是它有个"缺陷"：它听不懂这个"别"字，它听不懂"别怎么样""不要怎么样"。就像我们去餐厅点菜，我们跟服务员说："给我来道菜，不要牛肉，不要土豆，不要西红柿，别放洋葱，别放胡萝卜。"服务员听到后会问："那你要什么？"我们说了一堆"不""别"，他听不懂；只有说清楚我们要什么，他才能行动。

现在我们来做一个游戏，来体会一下"别"这个字在指导我们行为时是怎么失效的。首先,给自己定一个 20 秒的倒计时;然后,闭上眼睛,什么都不用做,只试着执行一个命令——"别想一只棕色的、长尾巴的、倒挂在树上的猴子"。给自己计时 20 秒,试试看能否做到"别想这只猴子"的要求。怎么样,能做到吗?一定做不到!我们越不想去想它,就越会感觉那只猴子在眼前荡来荡去。为什么会这样?因为当我们读到"一只棕色的、长尾巴的、倒挂在树上的猴子"时,这只猴子的形象就在大脑中兴奋起来,要想做到"别想",我们需要用抑制的力量把这个神经兴奋抑制下去。但哪怕对我们成人来说,也很难抑制兴奋的想法。也就是说,即使我们已经是成人,我们也听不懂"别""不"的指令。所以,我们告诉孩子"别玩橡皮",他要用抑制的力量拼命地去压制想玩橡皮的冲动,这很难。尤其是对 14 岁之前、大脑额叶还没有发育好、抑制能力还不足的孩子来说,执行这个指令更难。

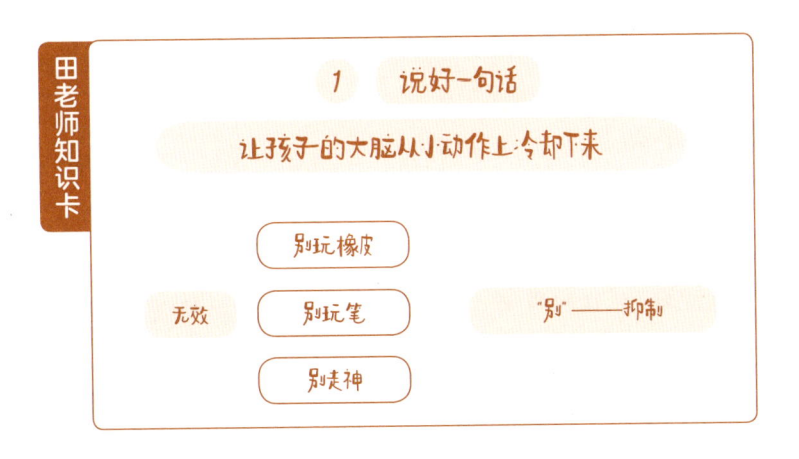

田老师知识卡

1 说好一句话

让孩子的大脑从小动作上冷却下来

- 别玩橡皮
- 别玩笔
- 别走神

无效   "别"——抑制

当我们对孩子说"别怎么样"的时候，他听不懂"别"字，他只听到"别"字后面的字。我们说"别玩橡皮"，他听到的是"玩橡皮"，玩橡皮的想法兴奋起来；我们说"别玩笔"，他听到的是"玩笔"，玩笔的想法兴奋起来；我们说"别走神"，他听到的是"走神"，走神的想法兴奋起来。所以这几句话，我们说出来没用，反倒会提醒孩子去玩橡皮、去玩笔、去走神。

家长要对自己和其他家人陪学中的言语观察一周的时间，看到唠叨性的、否定性的言语，比如"别""不"，或者负面言语，比如"磨蹭""走神""玩笔"等，就把它记录下来，然后用正面的言语和正面的要求加以替换。

"来，快点写"，同时运用言语和非言语信息表达信任

我们到底怎样让孩子停止小动作？其实这个时候我们只要说一句话："来，快点写！"就够了。我们把这个"来"字的语调尽量压低放稳，让孩子能够静下心来；说"快点写"时，把"写"字拉长一点，启动孩子写的状态。

这句话要用信任支持的心态，而非指责质疑的心态来表达。最重要的是家长的心态，我们相信"孩子愿意快点写，他能找到办法快点写"，我们说这句话时心里是充满信任的，对孩子是充满期待的。信任与期待在这里格外重要，皮格马利翁效应表明教育者的期待会影响孩子的表现，孩子会倾向于表现出教育者所期待的行为，即表现出"预言成真"效应。当我们信任孩子能做好时，我们的言语、表情、动作甚至呼吸的节奏，所有的言语和非

言语信息都会让孩子感受到"妈妈相信我能做到""妈妈期待我完成"。反过来，如果我们以指责和质疑的语气对孩子说："来，快点写，你怎么还不写？"孩子通过我们的言语、表情和动作听到了什么？会听到不相信。这时孩子就会处于对抗状态，孩子只想着怎么反驳我们，来表示自己没有不写，但实际上他又改变不了写作业走神的状态。皮格马利翁效应告诉我们，当我们持有正面期待时，孩子会表现出我们期待的正面的样子；当我们持有负面期待时，孩子也会表现出我们期待的负面的样子。所以要以信任的语气说这一句话，"来，快点写"，帮助孩子静下心来，让孩子进入学习状态。

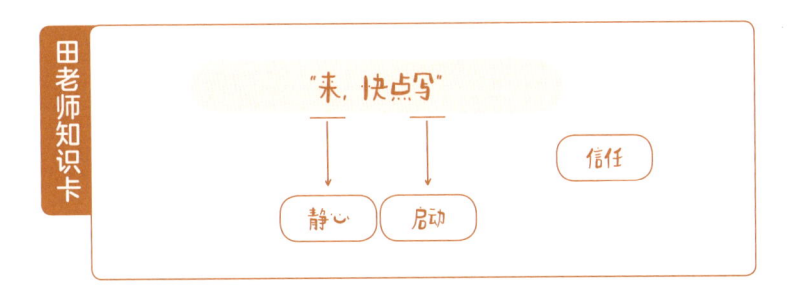

> **田老师知识卡**
>
> "来，快点写"
> ↓ ↓
> 静心 启动　　　信任

我们还可以灵活运用这句话，可以把这句"来，快点写"用其他方式表达出来。有时候我们什么都不用说，看到孩子有点走神的时候，只要轻轻"嗯？"一声，带着一点点疑问的感觉，孩子就发现"哦，我走神了，来，快点写"。这就行了。我们也可以问："进展怎么样？"孩子说："哦，很好，正在进行。"他的注意力就被拉回来了。这时我们的表达只是起到提醒孩子的作用，并且传达的信息是信任,"我相信我一提醒你,你就能继续写"。我们还可以在询问时,顺便带上关注的身体语言信息,可以将身体靠近他一点点,或者只是用眼睛看向他。孩子在我们的身体语言中也看到了"妈妈相信我,而且妈妈愿意提醒我,帮我把注意力拉回来"。

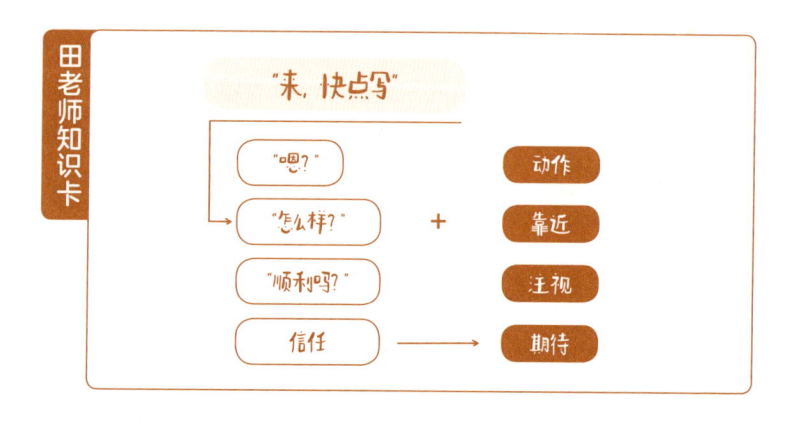

田老师知识卡

"来,快点写"

"嗯?" / "怎么样?" / "顺利吗?" + 动作 / 靠近 / 注视

信任 → 期待

事实上,当我们温柔地对孩子说一句"来,快点写",表明我们信任他时,孩子对自己也会很信任,而且孩子会慢慢把我们说的这句话内化成他对自己的语言,让自己的心里充满自信。心理学家乔纳森·海特认为父母对孩子提要求的方式,会内化为孩子对自己提要求的方式,成为孩子头脑中的骑象人(代表理智)对待内心大象(代表内心需求)的方式。在孩子小的时候,父母怎样对他说话,长大以后,他就会用同样的方式对内在的自己说话。如果在孩子小的时候,我们总是粗暴地对孩子说:"你怎么不快点写!你怎么什么都做不好?"孩子长大以后,他管理自己的学习或工作，遇到困难、挫折时，也会这样粗暴地指责自己："怎么这么慢？怎么什么都做不好？"这种自我指责会让孩子受累一生。反过来，如果在孩子小的时候，我们总是信任又温柔地说一句"来，快点写"，当他发现自己走神时，也会对自己温柔地说一句"哎，走神了？来，快点写"。这句话就会温柔地内化到他的心里。长大后碰到再多的挫折，他也会对自己有信心，相信自己能胜任。

排除干扰法：把焦点集中在当前任务上

14岁前，孩子的神经抑制能力弱，使得他们在写作业时对小动作和走神行为难以有效抑制。我们在陪学过程中，需要考虑他们神经抑制能力弱的特点，帮助他们学会排除各种无关因素的干扰，将有限的注意力集中到眼前的作业上。

清空桌面，排除所有可能的干扰

当孩子学习时，多余的玩具、文具，各种各样突然冒出来的想法都会让他走神，走神后再想把注意力拉回来，就需要进行自我控制，使用抑制的力量将这些兴奋的想法抑制住。心理学家鲍迈斯特提出的自我控制有限资源理论认为，个体的自我控制需要消耗其自身的自我控制资源，而在一定时间内个体自我控制资源是有限的。这也就意味着孩子在用抑制的力量去压制各种走神的想法时，会出现自我控制资源不足的问题。

那么，学习时如果桌面上有很多吸引孩子注意力的东西，孩子就要不断跟这些诱惑做斗争。比如刚想玩笔，然后提醒自己"呀，别玩笔"；刚想玩三角尺，然后提醒自己"呀，别玩三角尺"；刚想把贴纸抠下来，然后提醒自己"呀，别玩这个"。这会带来什么问题？孩子一次又一次地提醒自己别玩这个、别玩那个，每一次提醒，都要用抑制的能量压制一个想玩的冲动，如果用了太多的能量去抵制诱惑，那一会儿等到他启动学习时，很可能能量就不足了，再有其他新的想法时就会抑制不住，而且自控的能量不足也会让他在学习时变得懒洋洋的。所以，家长要帮助孩子排除所有可能的干扰，把需要他抑制的事情在学习前处理掉，让孩子不需要在这些事情上使用宝贵的自控力，把所有精力都用在学习上。

所以，我们要使用桌面整理法排除干扰。将孩子的学习区域分成两部分：学习区和材料区，对两个区域分别整理。

学习区设置在桌子的近端和桌子中心区域，学习区要简单、整洁、空白。首先，把桌面上的东西都拿走，保证在开始学习前眼前的桌面上空无一物。当干净的、空无一物的桌面放上当前的任务材料时，会有很强的聚焦力量。桌面上没有其他物品，只有当前任务材料，能够更好地让孩子将注意力的焦点集中在当前任务上。其次，在作业清单上选择学习任务，根据当前的学习任务准备必要的材料和文具。"必要的"这个词限定于"在当前学习任务中是必要的"。也就是说，如果当前的任务是读课文，那么必要的材料只有语文书；如果需要在读课文之前标出生字和画出重点词，那低年级学生的必要材料就是语文书、铅笔、尺子和橡皮，高年级学生的必要材料就是语文书和签字笔。这时桌面上没有多余的文具、玩具，把它们都拿走，这样孩子因为玩文具、玩玩具而走神的概率就会降低。他就不需要一边玩曲别针，一边告诉自己别玩；一边玩贴纸，一边再告诉自己别玩。没有这些东西他就无须付出额外的努力来抑制这些想法。当然，还有家长说"有时桌面上哪怕只有一本语文书，孩子都可能把那本书卷来卷去玩半天"。面对这种情况，其实我们也不用急。当出现这种情况时，我们温柔地说一句"孩子，把书放好，专心读书"，用温柔的一句话把孩子的注意力拉回来就好了。

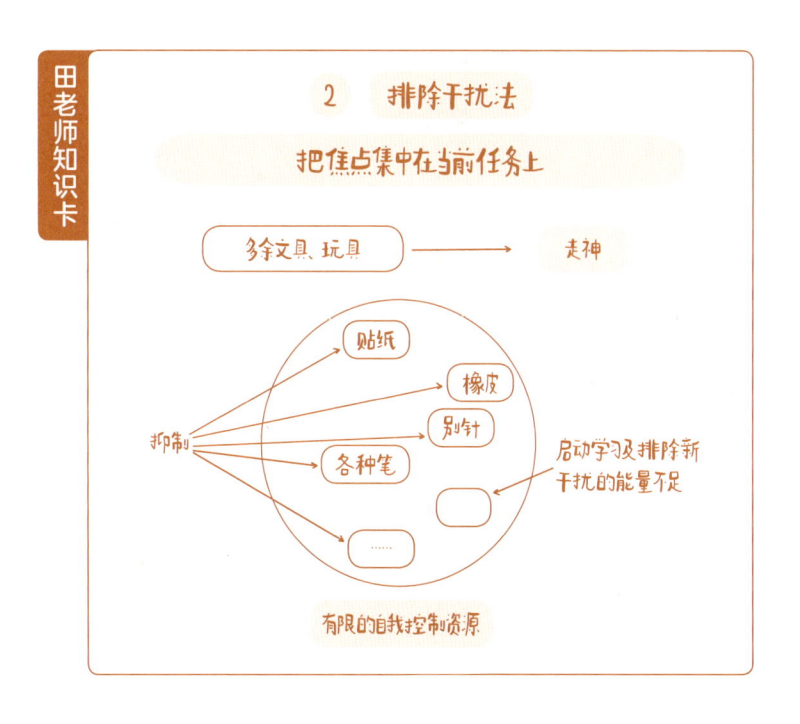

> **田老师知识卡**
>
> **2 排除干扰法**
>
> **把焦点集中在当前任务上**
>
> 多余文具、玩具 → 走神
>
> 抑制 → 贴纸、橡皮、别针、各种笔、……
>
> 启动学习及排除新干扰的能量不足
>
> 有限的自我控制资源

材料区设置在桌子远端的桌面上、旁边的书架上或旁边的地面上，材料区要实用、清晰、有条理。材料区可以用上一章课后操作手册中提到的横式文件架和立式文件筐将学习材料分类放置。一是校内外材料分开放置，把要带到学校的材料放到单独的筐内，晚上写作业前这个文件筐是空的，把需要用到的材料放到这个筐里，做完作业收拾书包时，所有材料会放回书包，文件筐重新清空。这个操作可以很好地解决上学忘带材料的问题。二是不同学科材料分科放置，这样查找和取放材料所需要的时间和精力最少，可以最大限度地减少导致走神的因素。三是文具要根据极简主义原则做好筛选工作，质量上以好用、用起来流畅为标准，数量上以够用为标准。只留下够用的文具，把其他好看的、好玩的、喜欢的，但可以不用的文具放到小物件区或玩具区，不要放到材料区，不要放在学习环境中。

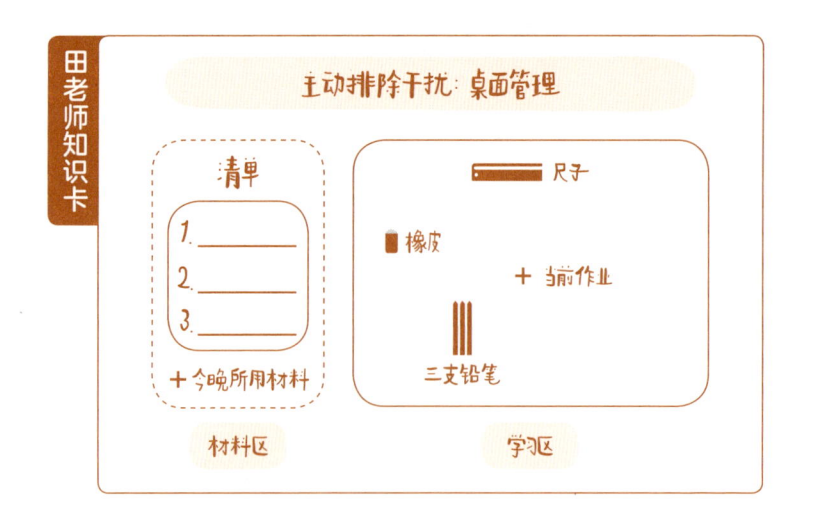

田老师知识卡

主动排除干扰：桌面管理

清单
1. ____
2. ____
3. ____
+ 今晚所用材料

材料区

—— 尺子
■ 橡皮
+ 当前作业
‖‖ 三支铅笔

学习区

孩子在学习时根据学习清单，选取当前这项作业所需要的学习材料和文具放到学习区，开始专心地做这项作业，做完后把它们放回材料区；然后选取下一项作业所需要的材料，他就开始专心地做下一项作业。这样，孩子的眼前没有其他材料，他就不需要抵抗其他吸引而去使用抑制的能量，所有精力就能更好地集中在当前的作业上。

三次预警，问题出现三次就要主动解决

孩子在学习过程中还会有另外一些干扰因素，比如突然想喝水、上厕所，突然想起一件事要和家长说。在处理这些问题时，我们要用预见性思维，采取"事不过三"原则进行处理。"事不过三"不是说孩子同样的走神事件超过三次我们就要收拾他，而是同类事件出现三次我们就要警觉，要用预见性思维主动想办法解决和预防，不要等到超过了我们的极限，再愤怒发火。

有一位家长就说"我们家孩子一学习就喝水、上厕所，每天都这样，我快被气死了"。其实这个问题可能真不是孩子的错，是家长陪学没陪到位。如果孩子每天坐下要学习时才想起喝水、上厕所，他第一天这样，第二天这样，第三天这样，家长就要及时发现并琢磨应对办法。我们不能等到第四天学习时他又要去上厕所而生气，而要在第四天孩子坐下学习之前，就预见性地想出应对办法，把这些事情先处理掉。我们要先问自己"我们的期望是什么"。我们的期望一定不是孩子"别喝水，别上厕所"，

而是期望他"学习时能够专心"。那我们只要做一件事情,学习之前跟孩子说:"学习前先喝水、上厕所,一会儿你学习的时候会更专心!"这就够了,他喝完水、上完厕所,学习时就能更专心了。

还有些孩子喜欢接话茬儿。家长随口说了一句:"我那把遮阳伞去哪了?"孩子立刻问:"妈,你找伞干吗?你要去哪儿?是不是在鞋柜边上,我在那儿看到过。"家长就很纳闷,平时跟他说话他听不见,但只要开始学习,别人在外面说一句话他都能听得清清楚楚,而且随时回应。这样几次之后,家长就会烦躁:"你能不能把心思用在学习上,别关注别的事。"其实,这个时候别烦躁发火,而是要用预见性思维去琢磨:"孩子现在的情况是他确实正关注别的事,那我做哪些事让他关注到后能够不打扰他学习,还可能产生促进作用呢?"这样,家长可以试着最近一段时间在孩子休息时把杂事做好,孩子学习时家长自己也坐在那里静心地看书,这样不但不干扰孩子,还能打造全家一起静心学习的氛围。

孩子可能还会在学习时突然想起一件事要跟家长讲,比如他正写数学题,突然说:"妈妈,明天老师让我们带舞蹈鞋。"这时候,妈妈接话还是不接话?妈妈能不能说"学习的时候别说这些"?不行,因为如果学习的时候你不允许他说这些,他就得等一会儿休息时再说,那就意味着他得从他大脑有限的资源里拿出一些资源去记着"一会儿要跟妈妈说舞蹈鞋的事",这样就使得大脑资源被白白占用。而且孩子学习中还不敢忘了这件事,就得不断地回顾和提醒自己,那孩子的注意力就安定不下来。反过来，妈妈能不能回应孩子说："舞蹈鞋，好，妈妈去找，要什么样的啊？"如果这样，那孩子可就要"深度交流"了，家里有什么样的舞蹈鞋，舞蹈老师怎么要求的，明天要跳什么舞，为什么要增加一次舞蹈课……有一长串的话要说，孩子又走神了。这时候家长应该做什么？也是一样，事情只要发生三次，家长就要预见性地想到，以后还会出现他在学习时突然提各种要求的情况，那我们怎么可以把这类事情处理好？这时家长还是先问自己的期待，自己的期待一定是写完作业再处理其他事情，但同时还能打消孩子的顾虑。其实家长只需说："哦，舞蹈鞋啊，你把它写到学习清单上，我们写完作业再去找。来，现在安心学习。"这事已经被写到清单上了，不会被遗忘，孩子也就能够安心学习，等写完作业再去处理它。

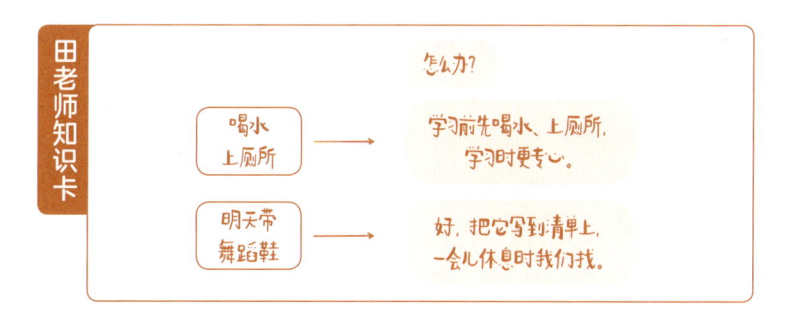

田老师知识卡

	怎么办？
喝水上厕所	学习前先喝水、上厕所，学习时更专心。
明天带舞蹈鞋	好，把它写到清单上，一会儿休息时我们找。

因此，在孩子学习的整个过程中，家长要去观察孩子每天学习时，经常因什么事情走神，经常为哪些事情做小动作。针对每种事情，我们都要事先处理好。事先都处理好了，学习时就不受这些事情影响，孩子就能专心学习了。

番茄钟法：提高单位时间内的学习效率

除了小动作和走神，还有一个影响效率的行为就是发呆。孩子坐在那儿学习一个晚上，像是按下"慢速播放"键，动作慢、脑袋转得慢，整个人在那儿懒洋洋地"磨洋工"，几个小时坐在那儿，但是效率很低。这种情况不但让家长很痛苦，孩子本人也特别痛苦。怎么能够让孩子从"磨洋工"的状态中跳出来进行高效学习呢？一个很好用的方法就是番茄钟法。

在计时时间内，只关注眼前的一件事

番茄钟法是由弗朗西斯科提出来的。实际上弗朗西斯科提出这个方法是用来解决自己的效率低下问题的。有很长一段时间，他因为拖延而焦虑、痛苦，每天都觉得有很多事要做，但是一件都做不下去，整天坐在那儿，什么事也做不成。他不喜欢自己这样的状态，有一天他愤怒地问自己："我能学习一会儿吗？哪怕真正学 10 分钟也行啊。"带着这股悔意和狠劲儿，他拿来一个计时器，设定了 10 分钟后的闹铃，跟自己说要在这 10 分钟里专心学习。他坐下来开始学习，等 10 分钟到了，铃声响起来时，他惊喜地发现自己学完了一大段内容。而且最重要的是，这个时候他内心的焦虑一下子就没了，觉得很踏实。之前他没有力量去改变拖延的习惯，但当他做到了用全部精力学习 10 分钟之后，他的学习状态被启动了，一下子就有力量做出改变。因此，弗朗西斯科就提出了计时法，通过可视化计时器，在计时的这段时间内

只专注于眼前的一件事情，投入全部精力去做这件事。这样，不但可以大大提升自己的效率，还能增加对事件的掌控感，并增加自己内心的力量。

弗朗西斯科家里那个计时器刚好是番茄形状的，所以他就将这个方法称为"番茄钟法"。后来他又继续探索这个方法，发现一个番茄钟的时间长度最好是 25 分钟。每一次拧动一个 25 分钟计时，开启一个番茄钟，在番茄钟计时时间内高效率学习，等时间到了铃声响起，停止学习，完成一个 25 分钟的番茄钟。然后休整 5 分钟，起来喝水，上厕所，走一走，让紧绷的神经得到一个短时缓解。5 分钟休息时间结束，再来计时 25 分钟，开启下一个番茄钟。这样完成 4 个番茄钟后，再好好休息一段时间。对于学习效率低下、拖延、焦虑的问题，这个方法特别好用。

番茄钟计划：时长和个数

弗朗西斯科推荐的每个番茄钟为 25 分钟，这个时长对成人来说是非常合适的，是我们的注意力不用太费力就能够稳定坚持的时间。但对不同年龄、不同注意力水平的孩子而言，注意力能够坚持的时间长短差异很大。所以要根据孩子注意力的现有水平来设计番茄钟的时长，让这一时长与现有水平持平或略高于现有水平。如果孩子的注意力能够集中 20 多分钟，那番茄钟时长就设置为 20~25 分钟；如果孩子的注意力能够集中 12 分钟，那番茄钟时长就设置为 12~15 分钟；如果孩子的注意力只能够集中 5

分钟，那番茄钟时长可以设置为 5~6 分钟。时间的长短以孩子稍微努力就能够坚持为宜，如果发现设置了 25 分钟，但孩子 5 分钟就坐不住了，又回到了原来的状态，那么就及时将番茄钟的时长调整为 5 分钟或 6 分钟。

设置多少个番茄钟合适，要看孩子完成作业需要几个番茄钟。观察一周，如果每个番茄钟为 25 分钟，一周下来孩子每天差不多用五六个番茄钟能够完成任务，那么就把下一周每天的番茄钟个数设置为 6 个。可以每天把 6 个番茄钟分为两个时段，每个时段 3 个番茄钟。在纸上列出"今日番茄钟目标"，把 6 个番茄钟序号写出来，计时开始第一个番茄钟，完成第一个番茄钟后在对应的序号后打钩，休息 5 分钟再开启第二个番茄钟，第二个完成后在对应的序号后打钩，休息 5 分钟后再开启第三个番茄钟，直到 3 个都完成后，这个番茄时段就完成了。然后，做一个较长时间的休息（比如 20 分钟），再开启下一个时段。

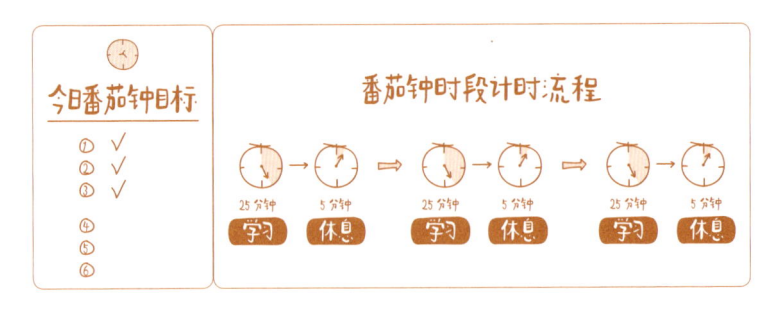

番茄钟记录表和计时流程

番茄钟法的三个过程：开始、执行和完成

我们以 25 分钟时长的番茄钟为例，来讲解每个番茄钟的开始、执行和完成过程。

第一步：开始

让孩子给番茄钟上发条，拧动番茄钟，开始计时，启动学习状态。让孩子动手去拧动番茄钟特别重要，因为它本身就是一个很有仪式感的行动。在这个行动中，他是在宣称和承诺：在接下来的 25 分钟时间里，我将全身心地投入在学习这件事情上。所以孩子在拧的过程中，会让自己静下心来，主动将在其他闲杂事项上的神经兴奋停下来，让所有的神经能量集中在当前的学习任务上。

第二步：执行

在番茄钟倒计时运行的过程中，孩子集中注意力，将所有精力都投注在眼前的学习上，在同样的时间内完成更多作业。番茄钟的可视化计时机制能够帮助孩子快速进入专注状态，因为如果孩子能够看到计时器上的时间是怎么一点点流逝的，他就能够更好地将时间的流逝与做事的速度之间建立联系。有个六年级的孩子因为学习效率低的问题向我咨询，他之前在学习中也采用了计时法，但学习效率并没有提高。我通过分析发现，他每次请妈妈用手机给他计时 40 分钟，他自己看不到时间进度，所以通常的学习情况是在 40 分钟的时间里，他进入状态用五六分钟，中

间各种走神再用十来分钟，好不容易熬了40分钟，效率却没有得到提升。在咨询中，我请他做两点改变，一是把每次计时时间缩短到25分钟，二是改用有表盘的、能看到时间进度的计时器。做了这两点改变以后，他的学习效率立刻就提高了。为什么？这是因为原来用妈妈的手机计时，孩子对于学习中荒废的五六分钟是没有感觉的，他看不到时间是怎么耗过去的、看不到耗了多少时间；而且40分钟的时间太长，浪费五六分钟，也没有太大的感觉。而采用有表盘的可视化计时器，25分钟的时间在表盘上能够清晰地看到5个5分钟。这样孩子在做作业时，如果前面拖拉了5分钟，那他就能够清楚地看到后面只有4个5分钟了，再走神或磨蹭一下，时间就更少了，这种形象感给孩子的冲击是很大的。这时，家长不用给他讲道理，说时间如何宝贵，他看着计时器上的时间是怎么过去的，他就对时间的长短有了感受，他就会有紧迫感。这种紧迫感靠家长讲是不行的，是要让孩子自己去感知的。当孩子对时间的紧迫有感知时，他就能将时间与效率建立关系，从而提高效率。

第三步：完成

时间到了，计时器会嘀嘀响起来，这种响声是一个宣告：刚才你承诺学25分钟，现在时间到了，你的任务完成了，你可以从刚才高度紧绷的神经状态中松弛下来。从紧张到放松会给神经带来很强的释放感，会很舒适。而且铃声一响，任务完成了，我们大脑神经的内在奖赏机制就会发挥作用，它会分泌内啡肽，让孩子体会到愉悦感和成就感。"我做到了！"的愉悦感和成就感会让孩子内心的力量升腾起来，等执行下一个番茄钟时，他会更有信心。

在使用番茄钟法时，家长一定要有耐心和觉察力。不是用了番茄钟，孩子的专注力立刻就能提升，它起作用需要一个过程。如果家长过于急切，就会带来麻烦，比如在计时学习的过程中孩子磨蹭了，时间过了5分钟，家长会着急地说"时间都过去5分钟了，你还不快点，时间全浪费了"。这是什么？是家长站在高处指责孩子，这样的关系是敌对的，孩子当然不愿意去调整。但如果家长能够用心观察孩子的状态，体会孩子的感受，只说一句"呀，时间过去了5分钟，我们快点"，这句话正是孩子自己想说的话，这时家长说出来孩子才会听，才会接着去想后面怎么抓紧时间学习。所以，在使用番茄钟法时，家长心中要抱有对于专注力培养的长远目标，少说话，多观察，陪伴孩子不断提升其专注力水平。

📝 小结

因为受大脑额叶成熟水平的限制，儿童的抑制能力发展得还不够，所以让他们主动地从小动作和走神行为中停下来很难，需要家长帮他们一起进行有效的抑制。

方法一：用一句话"来，快点写"温柔地把孩子从走神中叫回来，让孩子慢慢形成从走神中温柔地将自己拉回来的"叫回"模式。

方法二：用排除干扰法将可能的干扰因素处理掉。用桌面管理法把周围可能会让他走神的东西处理掉，用预见性思维把可能突然冒出来的想法处理掉，让孩子将所有的能量用来专心写作业。

方法三：用番茄钟法，通过可视化计时让孩子在计时时间内集中注意力。将孩子从发呆状态中解脱出来，跳出原来的磨洋工状态，进入高效学习状态。

课后操作手册

练习一：从负面言语到正面方法

第一步：观察和记录陪学中的负面言语

家长对陪学过程中的所有负面言语进行一周的观察和记录，体会说这些话时自己的情绪状态，以及孩子听到这些话后的反应。

以下是一位妈妈的陪学言语观察记录表。

日期：2024 年 5 月 5 日　　　　　　情境：陪孩子背诗

	孩子的行为	父母的言语	孩子的反应
1	背诗一直在一个字上背错	能不能用点心？	孩子对抗，说自己正在背
2	同上	怎么总在一个地方出错？	孩子不听，没反应
3	同上	怎么回事，是在发呆吗？	孩子皱眉
4	抠橡皮	别抠橡皮了！	孩子把橡皮放下，但一会儿又抠
5	背诗发呆	赶紧背，磨蹭什么？	孩子皱眉
6	同上	赶紧背，想什么呢？	孩子烦
7	越背越急	干吗呢？能不能好好背？	孩子烦，说："能不能别说了？"
8	终于背下来	下次用点心，别总是在一个地方出错。你不用心就是糊弄自己！	孩子不听，走开

觉察是改变的开始，只有看到问题，才能解决问题。如果这位

妈妈不去观察和记录，她只会看到自己的愤怒，认为孩子学习状态不好，说了孩子还不肯改。但记录后她就能发现自己说的话有太强的攻击性，而且差不多每句都包含负面的指责或催促。这些攻击性的、负面的指责和催促会激发孩子的负面情绪与抵触心理，降低孩子的自我价值和信心。

第二步：问言语背后的期待——"我希望他做到什么"

针对每条负面言语，问问自己内心的期待。"当我说这些话时，我内心真正希望孩子做到什么？"

- 当我问："你能不能用点心？"我希望孩子在容易背错的地方找方法突破。
- 当我问："怎么总在一个地方出错？"我希望孩子能够找到方法把这一个出错点搞定。
- 当我问："你怎么回事，是在发呆吗？"我希望孩子能够主动调整学习状态。
- 当我说："别抠那块橡皮了！"我希望孩子把小动作停下，集中注意力。
- 当我问："赶紧背，磨蹭啥？"我希望孩子能够提高速度。
- 当我问："赶紧背，想啥呢？"我希望孩子能够提高速度。
- 当我说："你下次用点心，别总是在一个地方出错，你不用心就是糊弄自己。"我希望孩子能够主动调整学习状态，用心背书。

第三步：问清孩子当前的困境——"孩子，难在哪儿？"

好奇地观察和琢磨孩子当前的困境是什么，那个期待的好行为对他来说难在哪儿，为什么孩子会被卡在这个坏行为里。

比如孩子反复在一个字上出错，妈妈就要问："为什么在这个字上容易出错，为什么反复背，到这个字上还是容易出错呢？"妈妈好奇地问就会发现各种可能，比如孩子已经把错的那个字背顺了，背诵速度又快，到这儿就会直接顺下去；或者孩子背的时候走神了，发现不了自己的错误；抑或孩子思维有点混乱，到后来越来越乱，常常分不清哪个是正确答案。

这个观察和琢磨的过程，实际上也是增加我们的认知复杂度的过程，让我们能够真正地对孩子的处境共情。理解孩子的难点、孩子的困境，认识到解决这个问题行为时可能碰到的困难和可能的方法。有了这样的理解，我们就不会理直气壮、理所当然地问："你怎么又错了？"而会慢下来，接纳他的感受和情绪，根据他的难点和困境和他一起寻找可能的方法。

第四步：问达成期待的有效方法——"怎么做能有用？"

我们可以好奇地问："以你目前的情况来看，有什么办法可以突破，怎么做是有用的？"以找到对孩子当前问题可行的解决方法。

- 如果难点是孩子已经把错的那个字背顺了，背的速度又快，这时就会直接顺下去，我们可以对孩子说："孩子，我看到你前面几次都是背到这个词的时候出错。你每次背之前想一下这个词，快背到它时，把速度降下来，慢慢地想好了再把这个词准确地背出来。试几次，看看行不行。"

- 如果难点是孩子背的时候走神了，发现不了自己的错误，我们可以对孩子说："你知道哪个字是正确的，但背到这儿时会忽略它，怎么能在背到这儿时特别注意到这个字？"

- 如果难点是孩子思维有点混乱，后来越来越乱，分不清哪个是正确答案，我们可以问孩子："你有时分不清这两个字，怎么能把对的字准确背出来呢？"可以先让他做做别的作业，给一些时间让错误的字在一定程度上被遗忘一些，然后把这句话反复读几遍，读准之后再背。

在找方法的过程中，也可以先好奇地把这个难点提出来，然后用启发式问句"我们想想可以怎么解决？"，把问题抛给孩子，邀请孩子一起找到答案。比如："孩子，我发现你前面几次都是背到这个词的时候卡住，为什么这个词不容易背过去？我看你整体背得差不多了，你先停下来，我们想想怎么能把这个词搞定。"

小贴士　负面言语的几种常见类型

1."别""不"

"别磨蹭""别拖拉""别走神""不要抠手"等负面指令性言语。

2. 指责和质问

"怎么""为什么""能不能""干什么呢"等带有指责性语气的问句。

"怎么":"你怎么总是这么慢?""你怎么回事?"

"为什么":"你为什么才写这么一点儿?""你为什么总出错?"

"能不能":"你能不能快点呀?""你能不能想想再写呀?"

"干什么呢":"你干什么呢,错这么多?""你干什么呢,得这么点儿分?"

3. 威胁

威胁孩子将要给予惩罚或者取消好处。比如:"你再敢抠橡皮,看我怎么收拾你。""9点前写不完,明天就别玩游戏了。"

4. 讥讽

包括对孩子的讥讽和贬低,比如:"做了几遍还错,你没长脑子吗?""还磨蹭,你是想做到半夜吗?""背了多少遍还背不下来,傻子都背下来了。"

5. 贴标签

也称人格化评价,即把孩子的行为等同于个性,比如"太懒了""慢性子""爱磨蹭""没脑子""不长心"。

练习二：桌面整理

1. 清空桌面及抽屉

　　找一个箱子或者在床上、地上铺一张垫子，然后把桌面上所有的东西——文具及各种材料都取下来，平铺到箱子里或垫子上，以备后面选用。

2. 文具选用

　　（1）常用文具：选一个大小适中的笔盒（或笔袋），将平时常用的几样文具放在笔盒中，把笔盒放在材料区容易取的位置。比如低年级的孩子可以选用一把尺子，3~5支铅笔，两块橡皮；高年级的孩子可以选用一把尺子，黑签字笔三支，红、蓝签字笔各一支，自动铅笔一支，记号笔一支，橡皮一块。

　　（2）备用文具和偶尔需要使用的文具放在备用文具筐或文具袋里，放于材料区视线看不见但较方便取放的位置，便于在需要时及时补充。备用文具是将上面正在用的文具留1~3倍的量备用；偶尔需要使用的文具是需要用但使用频率低的文具，如三角尺、量角器、订书器、便笺等，可以将其放在备用文具筐或文件袋里。

　　（3）其他文具：除去前两类后剩下的文具有三种处置方法，一是直接扔掉，二是留作备用，三是留作玩具。

　　最好的方法是直接扔掉。每个家庭除了正在用的文具和备用文具，通常会收拾出来大量的文具，这些文具会造成视觉的混乱和选用的困难，让孩子容易走神和低效。实际上，文具越少就越会物尽其用，每支笔都写到最后，每块橡皮都用到最后，这样会很有成就感，而且扔掉它们家长和孩子都会有心疼的感觉，那以后再买时会很谨慎。需要时，买最喜欢也最好用的文具，每一样都很顺手顺意，每一样都用完。

第二个方法是留作备用，找一个袋子，把不舍得扔、觉得还能用到的文具收起来，等到备用文具用完，看看能否从这部分文具中选出一些作为补充。实际上，我接触到很多家庭把这些文具收起来后就再也没有打开过，这常常只是扔之前的过渡环节。

第三个方法是留作玩具，有些文具是没有用的，但是孩子喜欢，不舍得扔，那就和他讲清楚，这些文具可以留作玩具，不学习的时候可以凭爱好使用，但不可以出现在学习桌上。

3. 资料的分类

准备 5~8 个立式文件筐或横式文件架，把材料按校内校外、分学科放置。所有必须使用的材料分筐放置，这样放和取的时候都会更方便，节省时间和认知资源。

其他不是日常需要的资料或书放在离书桌较远的书架上。建议家长把阅读书目放到离书桌较远的区域，免得孩子在学习时看到书的封面而走神。

4. 学习清单和计时器的放置

学习清单放在桌面的右上角或左上角。计时器放在容易看到但不容易碰掉的位置，如果环境允许，最好放在与视线平齐的正中间位置，这样孩子抬起头就能看到，走神时也容易看到，能够更快地将注意力拉回到学习任务上。

5. 桌面分配

把装常用文具的笔盒和放常用资料的文件筐放在材料区较易取放的位置，但不在手边，不会分散注意力。学习区只放当前作业、当前所需文具及学习清单。

桌面分为三个部分：正中间放当前作业；文具放在左上角或右上角，易于取放，但不易掉落；学习清单放在右上角或左上角，便于取放和记录。在心理表征系统中，右上角代表未来，左上角代表过去。有的孩子喜欢把清单放在右上角，这样拿清单看任务时更有方向感；有的孩子喜欢把清单放在左上角，这样学完每个任务在清单上打钩时更有成就感。

第四章
刻意训练→刷题有方法，让孩子取得好成绩

我们知道要让孩子通过刷题来提升学习成绩和学习能力，但是有时大量刷题却没有效果（"考试前，我带着孩子刷了好多题，做了好多卷子，厚厚一摞，可是考试成绩就是不见提高！"）。有时孩子会做题了，但因为马虎丢了分（"刷了那么多题，可是考试时却因为'9+7=14'这种不该犯的错误丢分！"）。有时出现错题时孩子不愿意改正（"不管是考试还是平时，卷子有错题时，他都不愿意改，越让他改，他越反着来！"）。针对这些问题，该怎么引导，才能让刷题变得有效果呢？

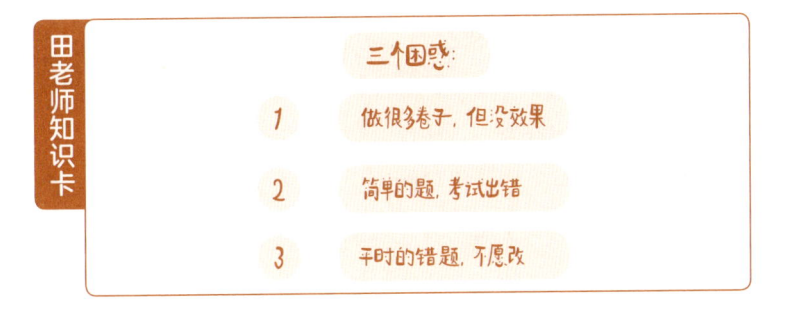

> **田老师知识卡**
>
> 三个困惑：
> 1. 做很多卷子，但没效果
> 2. 简单的题，考试出错
> 3. 平时的错题，不愿改

心理机制：为什么大量刷题反倒会变"笨"

家长在陪学中常常会发现，大量刷题常常会适得其反，不但不能让孩子提高成绩，反倒会让孩子变笨。过量刷题会在三个问题上给孩子的学习带来负面影响。

第一个问题是无效重复。如果考试前孩子做了 20 套数学卷子，那很多题型都是重复做过的。在做前面 5 套卷子时大部分题就都做过了，可能基本也会做了，可是后边又做了 15 遍；甚至一张卷子里同样的题型也有两三道，那孩子就相当于做了几十遍，这种完全无效的重复，对于提高成绩一点儿用都没有。孩子做题到底重复多少次是最合适的？教育心理学研究指出，如果我们把刚好学会的情况算作 100% 的工作量，那么孩子的最佳学习量应该是 150%，这 50% 的重复学习能让孩子的学习稳定下来。但如果重复了 300%、400%、500%，后面会出现边际递减效应，效果越来越差，相当于对时间的浪费。

第二个问题是自动化。大量刷题不但浪费时间，而且大量重复会让孩子的大脑自动化运行。这个自动化常常是孩子考试丢分的罪魁祸首。什么叫自动化？就是这个题我做过 20 遍，所以我一看题干就知道解题过程，不需要过多思考就能自动写出来。自动化的好处是效率高，做题快；但其问题是如果试题略微有一点改变，和原题稍微不一样，孩子往往不会注意这些细节，不假思索、自动化地写出答案，这样肯定会丢分。考试题会不会完全跟平时练习的题一样？低年级可能还会，但高年级不会，年级越高题目越灵活，所以到了高年级，大量刷题很容易让孩子的思维固定化、自动化，用同一种方式解答问题，但凡题目有一点变化，孩子就会落到"坑"里，得不到分。

第三个问题是不能有的放矢地学习。孩子花了那么多的时间去刷题，而时间是有限资源，全部用来刷题，他就不能留出足够的时间补齐自己最薄弱的短板。应知应会、考试会考的重点很多，但自己家孩子薄弱的只是其中一部分，因此对每个孩子来说学习重点是不一样的。复习时，最重要的是所有重点都复习一遍之后，把最薄弱的地方找出来，进行专项训练，找到合适的方法把这些不会的点"啃下来"。如果在复习中刷了很多题，但是没有把薄弱点巩固好，孩子的成绩也无法获得突破。

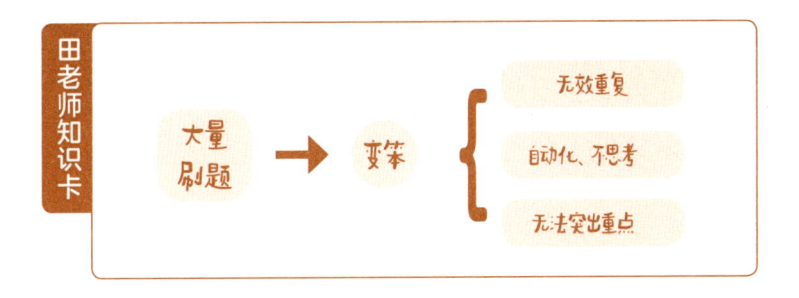

田老师知识卡

大量刷题 → 变笨 { 无效重复 / 自动化、不思考 / 无法突出重点 }

刻意练习：有目的做题才能又快又好

孩子在知识的学习和掌握之间，需要进行刷题练习。那么如何刷题才能真实有效果？如何练习才能确实促进知识的掌握？我们可以使用安德斯·艾利克森提出来的刻意练习法。

刻意练习 = 有目的 + 大量练习

家长为什么会相信大量刷题有用呢？因为早期孩子在刷题中确实尝到了甜头。低年级时，孩子刚开始学习，一定量的练习的确是必要的，也能带来成绩的提升。而且有些家长还听说过"一万小时理论"，这个理论是格拉德威尔在《异类》一书中提出来的："人们眼中的天才之所以卓越非凡，并非他们天资超人，而是付出了持续不断的努力，一万小时的锤炼是任何人从平凡变成世界级大师的必要条件。"这个理论强调持续不断地努力，也就是说，如果我们把一件事情做一万遍，我们就能把这件事情做到最好。比如一个做陶瓷的工匠，他如果能够做上一万件陶瓷，他就会把做陶瓷这个工艺做到得心应手，做到最好。比如弹琴，如果一个人能用一万小时练习弹琴，就能把琴弹到最好。

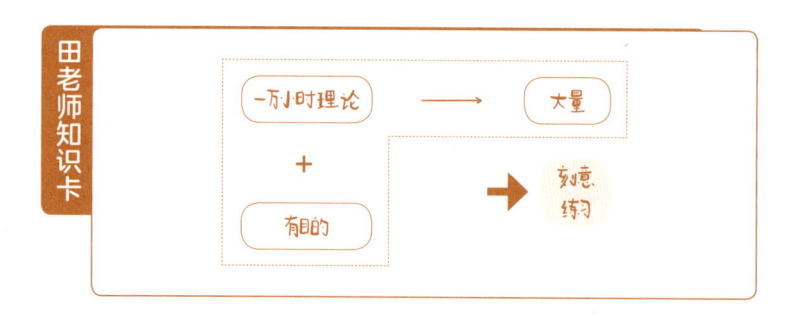

田老师知识卡

一万小时理论 ⟶ 大量
+
有目的
➡ 刻意练习

一万小时理论说的是某件事只要我们反复做、不断做，就会做到最好，因此它强调持续不断地努力，强调勤奋很重要，勤奋会让我们学得最好。就像很多家长因为"凌晨4点的洛杉矶"的故事而特别推崇球星科比。当年一位记者问科比："你为什么会如此成功？"科比反问："你见过凌晨4点的洛杉矶吗？我见过每天凌晨4点的洛杉矶的样子。"科比每天凌晨4点就起来练球，是整个球队最勤奋的人，正是凭着这种勤奋，他成为NBA（美国职业篮球联赛）历史排名前十的伟大球星。家长一听，心情激动，"原来只要勤奋，只要练习得比别人多，练习的量足够大，就能够取得好成绩"。

那问题出现了，如果简单地将一万小时理论总结成四个字——"大量练习"，有用吗？我们会发现，大量的重复练习真的没用。这是因为一万小时理论背后还有一个词——"有目的"，要有目的地进行大量练习才有用。每一个练习之后我们都要琢磨"现在问题在哪儿，我需要在哪儿突破""我在哪儿还能提高""这次哪儿做得好，如何保持下去"。当我们提出这些问题，并且带着目的去练习时，才是有意义的练习。

大量的重复练习还不够，还必须加上"有目的"，这两个词合在一起会组成一个重要的概念——"刻意练习"。刻意练习是由美国佛罗里达州立大学心理学教授安德斯·艾利克森提出来的，是指大量的、有目的的练习。要想让孩子的练习有效果，让学习成绩得到提高，我们就要引导孩子进行刻意练习。刻意练习要求做好两件事：首先要"有目的"，其次才是"大量练习"。

"有目的"是个性化的成长目标

"有目的"这三个字要做到其实并不容易。它需要一个人每次在完成任务后主动复盘："这件事我还有什么地方不会？""这件事我什么地方出错了？"这里需要注意，我们思考的不是"这件事大家还有什么地方不会"，也不是"这件事大家什么地方容易出错"。"我"这个字才是这个问题的重点，找到个性化的成长目标才是要集中精力去突破的焦点。所以我们要认真思考"我还有什么地方不会，我还有什么地方需要提高"。这一点至关重要。

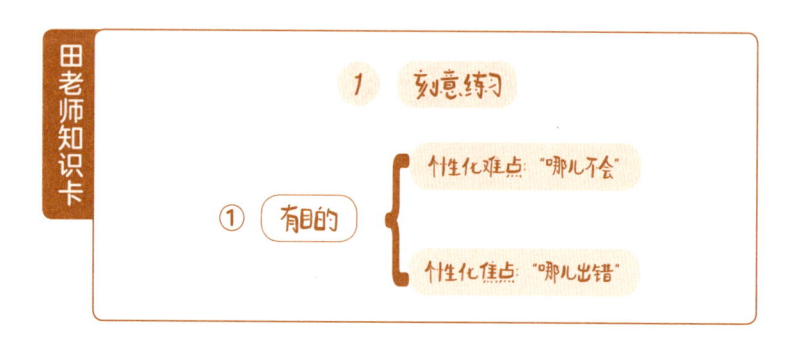

田老师知识卡

1　刻意练习

① 有目的 ｛ 个性化难点："哪儿不会"
　　　　　　 个性化焦点："哪儿出错"

有一段时间，我女儿在写字时，"穿戴"的"戴"字总是写不好，她经常把下面的"共"写成撇点，练了十几遍，可是等到再听写时还是会写错。这时要怎么办？我们不能盲目地说："孩子，你不能长点记性吗？写了十几遍还出错！昨天错了，今天还错！你怎么会这样？"这么说根本没用。我们要做的是寻找她的难点，帮助她找到办法突破。下面是我和她的对话。

我："你写'穿戴'的'戴'字总容易出错，看来它有点难，这个字你会写吗？"

她："妈妈，我会啊。"

我:"下面应该是什么啊?"

她:"是'共'啊,我就是在写的时候会忘,自然就写成撇点了。"

我:"你会写'戴'字啊?可是一不留神就可能写错。哦,这就比较麻烦了,下次你再碰到它可能还会写错。如果你写的时候能够想到,这是'戴'字,下边应该是'共',你就不会出错了,是吧?"

她:"对,每次写这个字的时候,我没太注意,就直接写成撇点了。我要是能注意到是'戴'这个字,重视它,就没问题了。"

我:"原来难点不是这个字你不会写,而是你没有注意到这是'戴'字,对不对?好,那下次听写的时候,只要我一读到'戴',你立刻要想到什么?"

她:"我要立刻想到你是在考'戴'字,'戴'下面是'共'。"

孩子用了这个方法,再写到"戴"字时她就主动注意到这个字是"戴",两三天之后这个字她就写得稳稳当当,不再出错了。

所以当孩子碰到困难时,我们要去琢磨"这件事对孩子来说难点到底在哪儿"。如果他总是反复在一个地方出错,我们就要好奇地问:"这个地方到底有什么难点,孩子为什么做不到?"这样我们才能接着问"如何才能做到"。有目的的练习一定是个性化的,去问"我的孩子哪儿不会""我的孩子在哪些方面还需要加强",问清楚之后进行有目的的练习,这样才能有效地提高孩子的学习成绩。

"大量"是够量，但不过量

要做大量练习，那么多大量才叫"大量"？比如背单词，孩子背会了以后要不要让他再写八遍来巩固？当然不要！如果我们找一张词单给孩子练，练到什么程度才算合适呢？整张词单重复听三遍都不出错，就说明孩子已经掌握得很牢固了。那接着问题来了，如果整张词单里边出错的就是三个词，孩子要不要整张词单都重复练习？不要！就把那三个词拿出来仔细练，反复练，练到没问题再回来听写整张词单，看看是否都掌握就够了。这样练习后，也许在考试时还是会错一两个，但是家长也不需要为了规避这个风险让孩子再练五六遍。孩子的时间是有限的，是宝贵的，如果有更多的时间，我们完全可以让他去阅读、练习听力、预习新课……有太多可以学习的东西。我们要根据孩子的特点和成长需要进行有目的的练习，而不是在一个点上重复练习。

背诵课文也一样，背诵课文要熟练到什么程度最合适？第一遍背下来肯定是不够稳定，但如果能连背三遍没出错，那也就基本够用了。不需要再背五遍、十遍以保证绝不出错。所以"大量"就是够量，但不过量。

错题重做方面，什么程度是"够量，但不过量"？前提是要保证够量。如果告诉他这个题错了，讲一遍后他会做了，这时肯定还不够量。因为很多孩子现在会做，只是当前在我们的提醒下会做了，等到下次考试，没有我们提醒可能又不会了。所以要想达到够量的标准，我们可以让孩子讲讲他的解题思路："为什么这个题要这样做？"如果他又会做又会讲，那么可能离够量就不远了。

接下来，我们可以帮他再找一道同类型的题，或者把这道题进行变形，再练一下。这时如果孩子也能做对，并讲清楚，那就是够量了。这样，他带着对这道错题的理解，在下次考试中又碰到这种类型的题时，他一看就知道"这不就是我那天练的那道题吗？我会做"，他就做出来了；他如果没做出来，又错了，他自己也会好奇："上次会做了啊，怎么这次又错了，问题到底在哪儿呢？"这么一问，他又会继续琢磨，重新分析这道题，便会有更深刻的理解。所以，我们不能为了达到万无一失的标准而过量练习，不能承受偶然出错，而让孩子投入过多的时间，这是不值得的。

> **田老师知识卡**
>
> 1　刻意练习
>
> ② 大量 ｛ 写单词　三遍不出错
> 　　　　　错题　　会做 + 会讲 + 会变形
> 　　　　　卷子　　划掉绝对会的

我们到底怎样对待刷题呢？是刷 5 套还是刷 50 套？什么是最合适的量？刷到什么程度才行？其实刷多少套和多大量不是重点，刷题最重要的不是刷已经会的题，而是把不稳定的题练会，把不会的题筛出来练会。所以拿到一张卷子，可以让孩子去看："看一下，哪些题你已经做过好几次了，确定会做，把这样的题划掉。"孩子会把他做熟的题划掉。这些题是他肯定会的，当他划的时候，我们要心里有数，要知道这些确实都是平时他会做的题。然后，让孩子把他平时容易出错、有点费劲的题做出来，把这些题练习到位。让孩子划掉"绝对会的题"这个步骤可以将孩子的关注点引导到新题和易错题上面，"这是道新题，被我看到了，我来试试。""上次这道题我错过，它又出现了，我再试一次。"这样，边做卷子，边让孩子区分哪些自己会，哪些需要再学一点，这就是目的性。当孩子带着这样的目的性，再去进行大量练习时，才是刻意练习。

所以，刻意练习包含两个含义：既要大量练习，又要有目的。实际上没有目的的大量练习，看起来是勤奋，但那是假勤奋，也是真懒，是为了懒得动脑筋。真正的勤奋一定要去琢磨："我在哪儿容易出问题？""我的难点在哪儿？""什么内容是我要加强的？"

家长陪学也一样，当问题出现时，如果我们只是一味地唠叨孩子、骂孩子，用简单粗暴的方法对待孩子，也是假勤奋、假陪学。当一个道理反复讲都没用时，我们不能说孩子"说了一百遍都不听"，而要问自己："这个方法没用，我如何调整才有用？"所以，当我们用一种方法解决不了问题，却反复使用这个方法时，不是勤奋，而是懒。勤奋是带着明确目的去问"该如何做才能真正帮助孩子"，然后主动学习和寻找有用的方法。

过程性目标：让孩子考试不"马虎"

"马虎"的问题是很多家长的心头恨！平时孩子练了那么多题，

结果考试时难题都做下来了,却在一些很简单的、不可能错的题上出错了;一道应用题整体思路都没有问题,却在简单的计算上犯错了。面对这种情况,我们应该怎么提高孩子"认真"的能力?

说"别马虎"没用,从过程上改变才会有效果

很多家长在考试前会跟孩子说"这次考试,好好考,别马虎,只要不马虎,就能得高分"。这句话有用吗?在实际的考试过程中,这句话一点儿用都没有。孩子在考场上,如果他能发现自己在某道题上马虎了,他肯定会立刻把它改过来;而他之所以马虎,就是因为他发现不了自己的"马虎"。所以把"别马虎"这个观念带到考场里,对于避免马虎没用。因为"马虎"这个词是指向结果的,我们直接让孩子改变马虎的结果,却没有在过程中帮助他学会如何检查错误,这个结果怎么可能改变?反过来,如果家长对孩子说"要认真",管不管用?也没用。孩子也知道要认真,但问题是"认真"这个词也是指向结果的,在过程中没有认真的行为能力,想要直接改变结果是不可能的。所以,不管我们对他说"别马虎",还是对他说"要认真",都没用。

田老师知识卡

2 通过训练,终结马虎

马虎结果   认真结果 → 怎么做过程   过程能被掌握

如何才能让孩子不马虎？其实，我们要问孩子："考试时，要想把会的题都做对，把做错的题都检查出来，怎么做才管用？"问"怎么做才管用"才是指向过程的，指向过程去改变才可能有效果。

家长应先指向过程问孩子："那个'马虎'到底在哪儿？这个点如何改变？"比如，我们拿起上次考试的卷子一看，"有一道题没做"，这个时候我们怎么说？我们要说的不是："孩子，以后考试千万别再落题了，千万别马虎！"而是："呀！孩子，上次考试你有道题没做，丢了15分，好可惜。看来一大张卷子，做起来真可能会落题啊。我们怎么才能避免落题呢？""咱们平时做练习的时候就练一练，看看怎么做，才能保证你每道题都做了？"我们要以好奇和信任的语气问孩子："难点在哪儿，如何做才能把这个难点解决掉？"孩子发现他的难点是落题后自己难以发觉，他就会主动去找办法："可以在做完所有题之后，再检查一遍，看第一题做了吗。做了！第二题做了吗。做了！第三题做了吗。做了！……我把所有的题都查一遍，那样我就不会落题了。"

我女儿的班主任在他们一年级时就教了一个特别好用的办法来解决落题的问题。她发现阅读理解题里有一种题特别容易落下，就是要求在文章里符合条件的句子下画波浪线。这种题在题干上没有空，答没答不明显，就特别容易落题丢分。所以她就教了一个办法，做每道题之前在题目序号上画一个圈，比如准备做第一题，先在"1"上画上一个圈；准备做第二道题，在"2"上画一个圈。这样一来，等到做完一道阅读理解题，再回头一看，题目序号都画上了圈，就能保证里面的几道题全做了。

当我们这样去问："怎么才能保证每道题都做到，一道都不落下？"就能够和孩子一起找到办法，这样就不会再有落题丢分的问题了。所以，直接指向结果的改变反倒改变不了结果，改变不了马虎的现状；只有指向过程去问"如何能够做到"，找到合适的方法，才能解决马虎的问题。因此，在孩子马虎时，我们一定要具体去看"哪儿马虎"，精准地找到这个点，然后找到方法去应对。

不同的"马虎"丢分，怎么处理

孩子读错题干，怎么处理？比如："下面四个选项，哪个不正确？"孩子没发现"不"字，使得他会的题也做错。这个时候怎么办？我们要对孩子说的不是"好好读题"，这句话没用；我们要对孩子说"读题的时候要做标注，把重点词圈起来"。他读题时一见到这种关键的"不"字就圈起来，他就不会再被这个"不"字骗到。当孩子会对题干进行圈标、批注时，他就不会因为读错题而出错了。而且很有意思的是，当孩子会在题干上进行圈标、批注时，他读题的能力也会提升，他不但不马虎了，而且能够更全面地理解整道题。所以，我们平时就要把这样的练习做到位，让孩子学习如何把题干读得很明白，考试的时候孩子就不会因读错题干而丢分了。

孩子算数出错，怎么处理？我们还是要在具体过程中去看错误出在什么地方。比如在口算时，他写"23+18=31"，每次有进位的地方他都会出错，我们千万不能简单地说："要注意进位呀，你怎么马虎了？"这可不是马虎的问题，我们千万不要把"马虎"作为挡箭牌，把基础不扎实的问题掩盖掉。这时我们要说："哦，进位错了。上次妈妈给你检查口算的时候，发现你在进位时也错过。看来我们得把这种进位题多练一点儿。"平时练得扎实，下次考试进位时就不太会再出现马虎的问题。

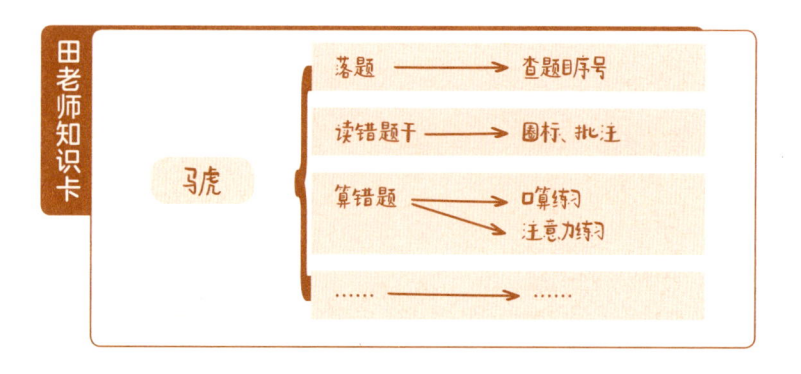

田老师知识卡

马虎
- 落题 → 查题目序号
- 读错题干 → 圈标、批注
- 算错题 → 口算练习 / 注意力练习
- …… → ……

做大题在计算上出错，怎么处理？有些孩子在小题上不出错，在简单的题上不出错，他什么时候出错呢？做大的应用题时。往往是整道题基本全对了，可是在中间几加几上算错。这时，我们如果说："哎呀，你看，那么复杂的题，思路都对了，却在这么简单的算数上丢分，多可惜啊！"那就错了。这种马虎可不是"可惜"的问题，它不像表面上看起来那么简单。孩子为什么前面简单的题不出错，但做应用题时他就出错了？因为在做应用题时，需要调动大脑更多的能量，大脑的能量全用在解题上面了，这时大脑的注意力资源不足了，他就没有足够的能量去解答这种简单的算数题。所以这个错不是简单算数本身的问题，而是孩子解答这道大题时，对他来讲有点生疏，占用了太多能量，使得孩子的注意力资源不足。

这时我们要做的练习是什么？平时做好两个练习。一是各种题型多练习一些，保证这些题都碰到过，这样考试时他就不会把大脑能量用完，导致在小的计算上出错。二是要学会检查，如果孩子会检查，能够进行验算，这种错误他就能够查出来。那接下来的问题是，如何保证考试时有时间验算？如果 40 分钟的考试，孩子 38 分钟才做完卷子，那就没有时间做全面检查。得保证 30 分钟做完，然后有 10 分钟检查，这就需要做题足够快。这时，我们问孩子："这种简单的计算出错，好可惜。如果你检查，能不能查出来？"孩子会说："我能，可是考试时间太紧张，不够检查一遍啊。"一个重要的契机来了，我们顺着他的话接着说："还真是，考试时间紧张，除非你做得很快。平时得重点练练，怎么才能把题做得很快呢？""看来平时在家，咱们做卷子的时候，你就应集中注意力，快做。看看能不能把速度提起来，咱们平常在家多练练。"当家长以一种与孩子一起找思路的语气，提出一种可能性，而不是表现出太强的教育指导意味时，孩子就不会抵触，而会一起想办法解决这个问题。他就会说："妈妈，我要多练，我要留出时间，考试的时候才有更多的时间去检查。"这样，我们不但解决了卷子本身的问题，还解决了孩子平时注意力不集中的问题，孩子就能学得又快又好。

我们对孩子说"别马虎"或"要认真"都没用，马虎和认真都是指向结果的，要想改变他的马虎，考试不丢分，最重要的就是分析孩子到底在什么题上容易马虎，找到具体的点，针对每个点去找方法。当我们找到方法，把马虎问题全突破后，孩子就对每一种马虎有了应对方法，他就形成了自己的"认真"的能力体系，这才能真正终结马虎问题。

转换信念：孩子做错题不用急

当我们提出让孩子改正错题时，孩子有时会不耐烦、不想听；让孩子把写得不够规范的字改改时，他会跟我们顶嘴，不爱改。这种情况怎么处理？

指向过程进行评价，孩子才能愿意改错

孩子如何看待错误？他认为错误是坏事还是好事？这个信念决定了他之后如何对待错误和如何改正错误。如果孩子认为错误是坏事，他认为"错就是没做对""全对了意味着成功，有错误意味着失败"，那在考试中他考了98分，丢了2分，这2分的错误对他而言是什么？是成功的绊脚石！他会想"如果不丢这2分，我就能考100分了，我不想丢这2分"。他对那个"2分的错误"在心里是抵触的，所以当我们把这个错误指出来时，他就会否认、对抗。针对这种情况，我们要转换孩子对错误的认识和信念。

首先，要减少对孩子进行"好/坏""对/错"的结果性评价。我们先去观察，我们平时是怎么评价孩子的行为的。当孩子

做得对的时候,我们是怎么夸他的?比如孩子背课文,背得特别准确,背了五遍全对了,这时我们会怎么说?我们有没有直接说:"哇,孩子,你居然一个字都没有错,全对了!孩子,你好棒!"我们要注意"全对了""好棒"都是指向结果的,孩子的信念中就是"全对就是好的",那这个信念意味着什么?如果错了两个字就是坏的,那当有错字时孩子就会不耐烦。所以,如果我们对孩子的评价太多指向结果,孩子就会觉得错误是坏事。

> **田老师知识卡**
>
> 转换信念
>
> 错误 → 坏事:(指向结果时)错误 → 失败
>
> 错误 → 好事:(指向过程时)错误 → 提高
>
> ☀ "哇,又发现了一个错误" ☺

其次,转变评价方式,基于行为过程对孩子的行为进行评价。比如,孩子背课文背到第四次全对了,我们要观察他刚才在行为过程中做了什么事情,让他这次全对了。比如之前有一个词总是背错,可到第四次的时候背对了。这个时候我们要说:"孩子,我看你前面三次都在这个词上卡住了,刚才背这段课文之前你停了一下,你是不是在想,'我要注意那个词',果然背到这个词你就注意了?"孩子说:"妈妈,你怎么知道?""哦,你真是这么干的?哇,孩子,你现在真的好有心眼儿啊,竟然在背之前就想到了那个字爱出错,就专门琢磨它,你背起来当然就准确了。"

当我们指向具体行为过程去做评价时，孩子就会发现"有错误不可怕，发现错误后，我能找到办法对付它""如果有错误，我找到办法把这个错误改正了，我的能力就提高了"。这时，错误在他心中会变成什么？错误就变成了好事，变成了他能力成长之路的垫脚石。

指向过程刷题，才能把错题当"宝贝"

当孩子用"基于结果"和"基于过程"这两种不同的信念评价试卷时，后续的行为也会不一样。考试前刷卷子，如果一张卷子全做对了，用"基于结果"的信念去做评价，孩子会感觉很开心振奋；但如果用"基于过程"的信念去做评价，孩子会有点失望："一张卷子全做对了，一个盲点都没找到，所有知识点都是原来就会的，卷子白刷了，这对于提高没用。"反过来，用这种"基于过程"的信念去看卷子时，如果卷子中出现了错题，孩子会觉得："哇，在这张卷子里找到了三个错误，太好了！把它们解决掉，考试的时候在这三个方面我就把分拿到了。"这时，错误对孩子而言就是能够让他提高的机会。

家长在每次发现孩子把题做错时，要用欢迎的态度去对待，"哇，发现了一道错题"。这种欢迎的态度会让孩子明白"错误是好事，我刷题的目的就是把错题刷出来"。当然，家长不但言语上要这么说，在非言语信息上也要做同样的表达，要抱着"这个错误藏得很深，但终于被我们发现了"的信念去做内外一致的表达。这样一段时间之后，孩子对错误也会持欢迎的态度，他也会说"哇,又被我找到一个错误",他就会珍视错题,在错题中发现成长契机。

给孩子听写的时候,到底是全写对了好,还是发现三个错误好?如果家长不耐烦地说"怎么又错了三个",孩子就会抵触错误,不想改正;如果家长高兴地说"我们发现了三个错误",孩子就会欢迎错误,并主动采取他觉得有效的措施。可能每次碰到不会的词,他都会说"我把它标注一下,下次多练几遍"。甚至没等出现错误,有些字他有点拿不准,或者一时想不起来,想了半天才写出来,他也会说"这个字我有点犹豫,我担心下次会出错,我也把它标注上"。在陪孩子听写的过程中,家长要把孩子放在主体地位,发现错误时要说"那我帮你标注一下,这样你想练就可以练了",是帮他标出来,有利于他以后自己检查和练习,不是标出来,有利于家长以后再来检查。这样,当孩子转变了信念,他会欢迎错误,以主动的心态对待错误,那么这个错误的价值就体现出来了。

指向过程提问,才能在改错中进步

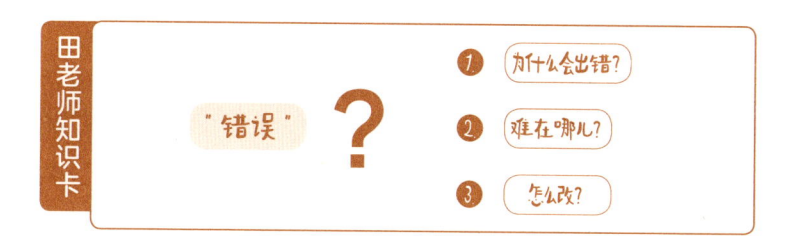

田老师知识卡 | "错误"?
① 为什么会出错?
② 难在哪儿?
③ 怎么改?

一个错误出现时,我们要在心里打一个大大的问号,问以下三个问题。第一个问题是"为什么会出错"。不能生气地问:"你为什么出错?"而应好奇地问:"哎,为什么容易在这种题上出错呢?"第二个问题是"这种题到底难在哪儿"。容易做错题,一定是孩子在解决这个问题的过程中有难点,要和孩子一起把这个难点找准,实现突破。第三个问题是"我们可以怎么改"。找到一个合适的方法来把难点突破。把这三个问题以好奇的语气问清楚,解决好,孩子就掌握了。

有一次,我女儿在读题时出错了:"用剪刀剪一根长16米的绳子,每段2米,需要剪几次?"她回答:"8次。"面对这个错误怎么办?我好奇地问她:"这题出错了,奇怪,你之前做过这种题,你知道怎么做这道题吗?"孩子说:"知道呀,就算16和2之间的关系,肯定是8,但是当时我没有看到问的是剪几次,我以为是剪几段呢。"我说:"哦,原来错在这儿了,是题干上的'段'和'次'容易被忽略。这个确实不好弄,怎么才能保证不忽略呢?"孩子说:"我下次看到这种题,一涉及几次、几段,就把它圈起来,就不会出错了。"当孩子能够明白自己错在哪儿,为什么容易出错,如何避免出错时,这个错误就有意义了,通过改正这个错误,他的能力会得到提升。

所以,要想让错误有意义,就要去问"为什么会出错""难在哪儿""怎么改能避免"。问明白了,孩子就能在改正错误的过程中获得能力的提升,孩子就会把错误看得很珍贵,把错误当成好事去欢迎,看到错误中的成长机会。

📝 小结

我们来总结一下,到底怎样刷题才能得高分?

第一,要刻意练习,要进行有目的大量练习。有目的的练习才是真正的勤奋,才能够把题刷到位,通过刷题取得成绩的突破。

第二,要把"不马虎"变成可掌控的能力。别对孩子说"别马虎",也别对孩子说"要认真",要分析到底在什么地方马虎了,如何改。用可操作的过程应对这个马虎问题,才能够有效地终结马虎。

第三,要用过程性评价代替结果性评价。当错误出现时,要欢迎它"哇,又发现一个错题!""让我们看看怎么错的,哪儿难,如何改"。这样,每一个错误都会成为孩子提高能力的机会,孩子就会对错误持欢迎态度,愿意在订正错误的过程中成长。

课后操作手册

练习一：从说"别马虎"到培养"认真"的能力体系

第一步：搜集马虎的素材，分析一系列马虎中的共性问题

对孩子所有的马虎行为做记录，如果某种类型的问题反复出现，要记录次数，并分析共性原因。

马虎记录表

马虎记录	次数	原因分析
切蛋糕和剪绳子的问题，混淆切几次和切几段	ⅠⅠⅠⅠ	读错题
阅读标错自然段	ⅠⅠ	标错自然段
落题，尤其是阅读题易落题	ⅠⅠⅠ	落题
有进位时易出错，进错位或算错个位	ⅠⅠⅠⅠⅠⅠⅠ	算错数，进位错

面对这些错误，如果我们不记录，就容易用简单的"马虎"来概括，但如果这样简单地概括，那下次不管是告诉孩子"别马虎"，还是"认真点儿"，都解决不了孩子的马虎问题，会让马虎变成一个不可控，运气好就不错，运气不好就出错的行为。而在记录和分析中会发现，每一类型的马虎中会有共性原因，而这一原因通常对应着某种关键能力、方法或习惯的缺失。只有准确找到问题所在，才能将"不马虎"和"认真"变成可操作的、可培养的能力。

第二步：找到解决方法，日常反复练习

针对每一种共性问题，琢磨孩子到底缺少什么能力、习惯或者方法。对第一步的马虎记录表中存在的问题，我们要对每种原因分析清楚，在日常反复尝试，找到可行的、合适的方法。

- "读错题"的解决方法：练习对重点词语进行圈标、批注，比如切蛋糕问题，一看到这种题立刻在题干中把"次"或"块"圈出来。这样，孩子之前在读题时被哪种"坑"绊倒过，下次碰到类似的题就会在题干中把容易出错的部分圈出来，就不会再出错。
- "标错自然段"的解决方法：在一段时间内，养成标完自然段再检查一次的习惯，这样有问题就能检查出来。如果总是对特别短的、只有一句话的自然段漏标，那下次一看到这种特别短的、只有一句话的段落就要在头脑中敲响警钟，并养成习惯重点关注段落前"空两格"的信息，这样就不会漏标自然段。
- 落题的解决方法：做完题后，再按照题号从头到尾核对一次，只要平时做题和做卷子时养成习惯，考试时就不会有问题。
- "算错数，进错位"的解决方法：算错数的问题比较复杂，要继续观察分析，对不同情况用不同的方法，对同一个情况也要用多种方法同时推进。

如果在练习进位的初期，出现算错数的情况可能是一个正常的现象，家长需要对每天的错题数进行记录，不纠结于某一天对得多还是少，做一个稍长时间的记录，看看通过几周的练

习和做题，正确率是不是在整体上有上升的趋势；同时，如果错题量较大，可以每天坚持做30道或50道的口算题。刚开始时，可能孩子会有畏难情绪，但只要咬牙坚持，口算的练习会让大脑的运算能力增强，就像跑步练习会让肌肉力量增强一样，坚持一段时间就会有效果。

如果练习进位一段时间，单做口算时正确率比较高，而做卷子时还会有出错的情况。一方面，要考虑到大脑的注意力水平，看看是不是大量做题时注意力持续高度集中的能力不行，这就要做一些专门的注意力训练，比如"舒尔特方格"训练。平时在家做卷子要主动调整注意力状态，每周进行几次做大卷子的集中注意力的实战练习。另一方面，要培养孩子的验算能力，在中、低年级，如果孩子会验算了，数学上的正确率就会有保证。

第三步：构建"认真"的能力体系

针对每种问题的能力或方法练习一段时间，就会发现原来的马虎问题解决了，孩子不会再因为这种马虎丢分。但是，下次考试时，另一种新的马虎又会出现。所以，每过一段时间要跟孩子总结，从上一种马虎问题的解决中获得了哪种认真能力；在新的马虎问题出现时，也去讨论等到这种马虎问题解决时又会获得哪种认真能力。

通过这样的讨论，孩子就会明白认真是一种能力，这个能力体系的构建要靠一次次地解决不同的马虎问题。这样孩子就会对马虎持有正面态度，找到解决方法，同时看到自己能力的提升。

练习二：通过交流，把绊脚石变成垫脚石

我们就出现的错误与孩子交流，能够让孩子看到错误的价值，把错误这块绊脚石变成成长的垫脚石。

第一步：家长观察自己对孩子错误的反馈方式

家长自我观察一周，看当孩子学习中有错误发生时自己的想法、行为表现和语言表达，分析自己对错误的态度是欢迎的，还是讨厌的。

- 行为和内心上都欢迎错误："啊，我们又找到一个错误，我们来看看它是怎么回事。"（言语和非言语信息都在表达欢迎、好奇）
- 行为上欢迎错误，但内心讨厌错误："我们可以从错误中学习，改正错误，以后就对了。"（言语上说错误有意义，但非言语信息是皱眉不悦）
- 行为和内心都讨厌错误："怎么又错了？这都练了多少遍了？长点心呀！"（言语和非言语信息都是指责出错行为）

第二步：整个学习过程，用过程性评价表达对错误的欢迎态度

用过程性评价代替结果性评价，孩子就会对错误欢迎。结果性评价关注的是结果的好坏——"看看今天能不能全对""这次争取得满分"。这会让孩子觉得错误是全对或满分的绊脚石，他对错误一定是讨厌的。过程性评价是在行动之前、之中和之后都对查找知识漏洞、方法漏洞和能力漏洞的过程感兴趣，学习的过程是为了找漏洞，在弥补漏洞的过程中实现知识升级和方法升级，而不是为了"全对"的结果。

以生字的学习为例，在学习前、学习中、学习后我们都要进行过程性评价。

- 学习前，家长要用过程性目标提要求。可以说："我来帮你听一遍，看看有没有记得不牢的词，我们把它找出来。"
- 学习中，看到不会的词，我们要持欢迎态度。可以说："哦，这个记得不牢，是你把它标一下还是我帮你标一下？"
- 学习后，我们要基于过程去看这个错误对于孩子成长的意义。可以说："一共找到了三个字，都标出来了吧？你着重记一下。"

第三步：通过生活事件埋下种子

一是家长做好榜样。当家长自己的工作、生活中出现错误时，留意自己对待错误的态度，并利用每一次的错误成长。如果家长面对错误感到沮丧难过，沮丧难过之后认真找造成错误的原因并找方法进行突破，孩子会对这种行为模式进行内隐学习，下次他也会用同样的态度对待自己的错误。

　　二是留意生活中的错误带来的价值。比如孩子和家长一起出去玩时走错了路、订错了票、出门晚导致误车，每一种错误出现时家长和孩子要关注你们是如何交流的，如何利用错误并从错误中学习。这样孩子在生活中会理解这些错误的价值，并会将这种经验用于以后相关的情境。

第二篇

学习的动力系统：让孩子愿意学

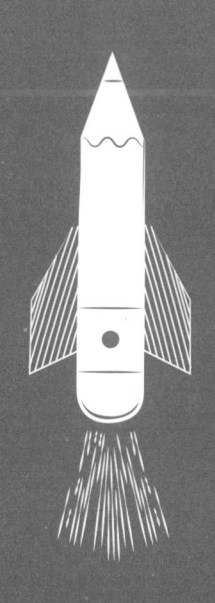

第五章
成长型思维→孩子畏难，怎么办

我们常常看到一些孩子不太爱动脑筋，当碰到有点拐弯的题、遇到有点难的事时，最喜欢说三句话"我不会""我不行""我做不到"。比如看到应用题就皱眉发怵，说"我不会，我做不出来"；要参加演讲比赛，就说"我不行，我上次上台就紧张得直出汗"；让他"好好学30分钟"，他就坐不住，说"时间太长了，我做不到"。父母总是希望孩子面对学习中的难题难事时敢于挑战，可是孩子总是退缩、没信心，不动脑筋去思考，不努力去尝试。我们应该怎么帮助他调整？

田老师知识卡

三种害怕：
☹ 我不会
☹ 我不行
☹ 我做不到

无助感

心理机制：为什么越"加油"，孩子越退缩

我们先来分析一下，孩子为什么见到困难就说："我不会""我不行""我做不到"。这三句话中有一个共同问题：无助感，即孩子遇到这种事觉得无助，没有信心，认为自己没有能力做到。有很多孩子遇到困难时，不是试了多次不行才说自己做不到，而是还没有开始做就已经觉得没信心，直接说"我做不到"，被这样的无助感吓得退缩。

积极心理学代表人物塞利格曼对无助感的形成和机制做了相关实验。在实验的第一阶段，实验人员将两组狗放进笼子中，并对它们进行电击，一组的笼子设置了可终止电击的装置，而另一组没有。被电击的狗很痛苦，会乱跑乱撞、跳跃攀爬以逃避电击。结果一组狗可以触碰某个装置，逃避电击，并在尝试后成功逃避点击。而另一组狗，其笼子里没有设置这种装置，因此无论做什么努力都无法逃避电击，最终选择放弃，只要一开始电击就缩在地上呻吟，直到电击结束。如果这时狗会说话，它一定会说"我不行，我做不到，我没办法逃避电击，算了"，它不再尝试逃避，这就是无助感。到了实验的第二阶段，实验人员将被电击的狗都放进另一种有隔板的笼子中，隔板一侧有电击，而另一侧没有，隔板的高度是狗可以轻易跳过去的。那么，狗会跳过隔板躲避电击吗？结果显示，在第一阶段学会逃避的狗会试图跳跃，而没学会逃避的狗大多没有尝试，继续选择缩在地上呻吟，直到电击结束。

塞利格曼把这个状态称为"习得性无助"。对于无法逃脱电

击的狗来说，它的无助性信念如果翻译成我们的语言就是"不行，我做不到，我逃避不了电击，我还是不要尝试为好"。多次挫败的经历告诉它，它无法逃避电击，所以它面对电击选择放弃。即使后面环境变化了，可以通过跳跃隔板躲避电击，它也不会再尝试。而对于没有自信的孩子来说，他碰到难题时无助性的信念就是"我不会，我不行，我做不到，我还是不要做为好"。这种无助性信念也一定是他在一件事情上尝试很多次，但每次的结果都是失败造成的，多次失败的经历让他觉得无助。

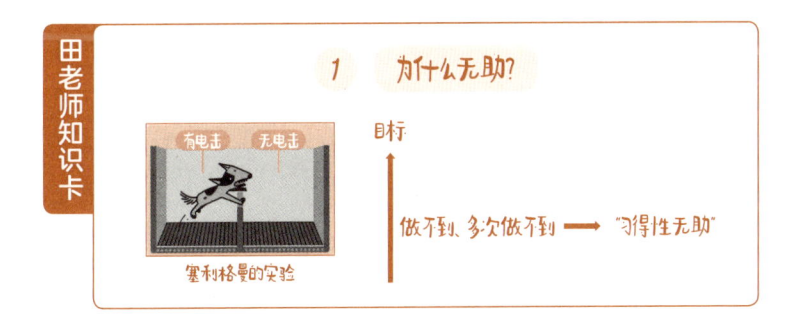

田老师知识卡

1 为什么无助？

塞利格曼的实验

做不到，多次做不到 → "习得性无助"

所以，当孩子面对某个问题已经习得性无助，并且开始逃避时，我们不能继续给他加油，鼓励他尝试达成那个屡次失败的目标。让他再一次尝试又再一次失败后，只会加重他的无助感。我们要做的是帮助他设置合适的学习目标，让他能够达成目标，并在达成目标的过程中获得小小的成就感，进而形成成长型思维模式。

习得性无助：目标不要设得太高

任务太难或目标太高，孩子很难完成或实现，这会让孩子陷入习得性无助的陷阱，习得一种"我做不到"的信念。比如，妈妈要求一年级的孩子"好好学习 30 分钟，学完我们出去踢球"，"好好学习 30 分钟"这个目标对大人来讲很容易也很清晰，所以这么一个"简单"的目标摆在那儿，孩子却不肯行动时家长就会着急生气；但从认知心理学上来看，这个目标对于一个刚上学的孩子来讲确实太高了，孩子确实做不到。

首先，在时间上，"30 分钟"的目标超过了一年级孩子有意注意能够有效持续的时间。注意力分为两种，即无意注意和有意注意。无意注意是不需要意志努力就能坚持的注意，孩子在玩游戏，做各种自己喜欢的活动时用的是无意注意；有意注意是需要意志努力的注意，活动本身没有趣味，孩子要靠意志努力坚持的活动，比如写作业，用的就是有意注意。对低年级的孩子来说，以他的注意力水平在玩游戏这种需要无意注意的活动上能够坚持很长时间，但是在写作业这种需要有意注意的活动上，他就没有办法坚持很久。孩子集中注意力 10 分钟很轻松，15 分钟还好，20 分钟就有点难了，到 30 分钟就真的挺不住，所以孩子尝试很多次都没办法坚持集中注意力 30 分钟后，再看到 30 分钟的目标就发怵，坐在那儿就被这个时间目标困住了，会失去信心。

其次，在质量上，"好好学"的目标对一年级的孩子来讲也过于困难。如果我们用成人的标准"好好学"去要求孩子，我们一边陪他学习一边会发现，整个学习过程中他玩笔、玩橡皮、玩各种各样的东西……甚至坐在那儿30分钟，他能走神发呆好几次。一年级的孩子神经抑制能力弱，他们难以抑制各种各样有趣的想法，难以抑制各种类型的神经冲动，难以将注意力聚焦在眼前的行动上，所以他们在学习中走神是一种必然行为。如果不能理解他神经的特点和学习能力的限制，我们看到他走神时一定会着急，会忍不住催他"你写呀，赶紧写呀，好好学呀"。"好好学"的目标对孩子而言太高，孩子达不到，他今天努力达不到，明天努力达不到，每天都达不到……这对孩子就意味着什么？"我第一天努力了，没达到妈妈设定的目标；我第二天努力了，又没达到妈妈设定的目标；我第三天努力了，还没达到……"多次尝试努力都没达到目标，这个真实的经验会让他习得稳固的无助性信念——"我不行，我做不到，我没法达成妈妈设定的目标，我做不到'好好学'"。

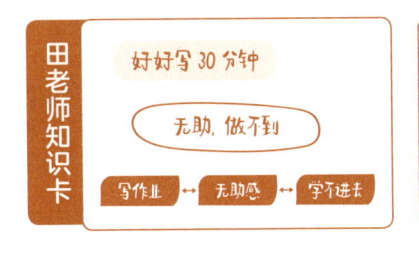

田老师知识卡：

好好写30分钟 → 无助，做不到 → 写作业 ↔ 无助感 ↔ 学不进去

难题 → 无助，做不到 → 再次碰到 ↔ 无助感 ↔ 退缩

如果孩子每次写作业都觉得无助，那他会对自己的学习状态、注意力失去信心，他就更学不进去了。实际上，不是因为孩子不想学，孩子也想要好好学，也想要完成任务，只是我们的目

标太高太急，屡次达不到时他就会失去信心，他就会习得性无助。反过来，如果随着年龄的增长，到了四、五年级，他的注意力水平提升了，这时以他的注意力发展水平来说，做到"好好学习30分钟"没问题了。这时我们对孩子说"孩子，你注意力不错了，现在来好好学30分钟"，那个曾经在一、二年级形成稳定的无助性信念的孩子，会怎么样？他能够自动地调整、集中注意力进行学习吗？不能！他已经害怕学习，已经习惯于逃避了。所以，很多高年级的孩子因为这种习得性无助感的影响，面对学习任务还是会逃避，坐在桌前还是觉得学不进去。

所以家长不要说"我对他的要求也不高"。衡量目标高不高的标准，不取决于我们心中的理想标准，也不取决于我们认为孩子"应该能达到的水平"，而是取决于孩子的现实水平，即他"在实际学习过程中达成的水平"。咨询中，常常有家长说"跟他说了100遍，他也做不到"，我会告诉家长"那一定是这个目标高了，说了100遍都没法达成目标，就说明以孩子的现实水平达不成这个目标。不管你心里觉得这个目标多么应该达到，但实际上100遍都证明了他达不到，那我们就要去调整这个目标"。

在家庭教育中不要坚持"谁对谁错"或"应该怎样"，"有效"在家庭教育中的意义永远大于"应该"。确立目标时，我们心中理想的目标无论多么"应该"，但只要孩子每次都达不成，就会让孩子产生习得性无助感，它就是无效目标，会限制孩子的成长。而一个适合于孩子的目标，哪怕再低，只要孩子在完成它时能够体验到小小的成就感，它就是有效目标，能够促进孩子的成长。

小步子原则法：在能达成的目标中获得自信

面对太难的事、太高的目标，屡次达不成时，孩子便会有无助感。这种情况下，如何激发孩子的信心，让孩子敢于面对难题，有信心向目标迈出第一步呢？一个非常有效的方法就是目标分解法，也叫"小步子原则法"。

用小步子原则法，将大目标分解成能达成的小目标

小步子原则法，就是对原来的那个以孩子现有水平没法达成的大目标进行分解，把它拆成一级一级的小目标。眼前的这一级目标，孩子迈一小步就可以达成；上了这一级再往下一级时，孩子迈一小步也可以达成；再往后每一步，孩子都可以迈一小步去达成，这样孩子就一步一步地达成最终的目标。而且孩子迈出每一步都不会觉得太难，迈上每一级都有成就感，在完成每一步的过程中他都会提升学习的信心和学习能力。

这一小步目标的"一小步"多小合适？需要根据孩子的"最近发展区"来设计。最近发展区是教育心理学家维果茨基提出的概念。维果茨基将孩子的发展以两条线区分，一条线是孩子现有的水平，一条线是孩子在教师和家长的帮助下、在自己的努力下能够达成的目标水平。这两条线中间的区域就是最近发展区，是孩子稍做努力、跳一跳就能够得到的发展区域。家长要做的是根据孩子的现有发展水平，来判断孩子的最近发展区在哪里，进而设计一小步的目标。比如"好好学 30 分钟"的目标，对一年

级的孩子来说太难，他一下子做不到。我们就可以从时间上和质量上对这个目标进行"一小步"的设计。

在时间上，我们要先对孩子的现有学习水平进行观察。观察一周，看看孩子能够集中注意力多长时间，根据他的现有水平来给他设计当前一小步的目标。如果我们看到孩子现在能学10分钟，那我们给他的目标就是"来，我们坚持学习12分钟，你自己拿计时器来定个时间，看看12分钟你能学多少"。对孩子来说，学10分钟不难，学12分钟有点难，但是稍做努力能达成，达成时有成就感，这样孩子就愿意挑战12分钟的目标，而且会对自己注意力的提高有信心。如果孩子的现有水平只能坚持5分钟，那我们设计的目标就是"挑战6分钟"。只有孩子能够达成的目标才是有效目标，评价目标有效性的标准就是看它是否尊重了孩子的现有水平，孩子能否达到。要设计那种在孩子现有水平基础上"跳一跳就能完成的目标"，每次迈进一小步，孩子通过略微努力就能达成的一小步。

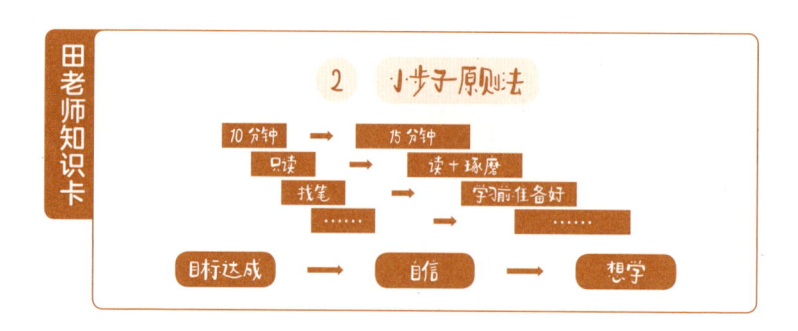

田老师知识卡

2　小步子原则法

10分钟	→	15分钟
只读	→	读+琢磨
我笔	→	学习前准备好
……	→	……

目标达成 → 自信 → 想学

在质量上，我们也要对孩子现有学习状态的水平进行观察。

观察一周，了解孩子学习状态的基线。比如孩子现有的学习状态是"写 4 行字，他削了 8 次铅笔，捡了 5 次橡皮"，那我们了解到他的现有水平是"学习前不会根据任务把铅笔准备好，学习过程中容易把橡皮弄到地上"。这时我们对他提的要求不能是一个笼统的"专心学习"，而是"每次写字前看看需要几支铅笔，把笔先削好""写作业时把橡皮放在书桌左上角，这样用着方便也稳当"。然后用几周的时间，每次他学习前提醒他准备铅笔，提醒他把橡皮放好。几周之后孩子发现自己越来越能够把这两件事做好，他能看到自己的进步，家长也能看到他的进步，这个小小的行为就会带来成就感，会启发他更多的管理学习状态的行为。再比如孩子现有的学习状态是"拿起课文能够读完，但是读得飞快、不走心"，我们这时提的目标不能是"一边读一边用心背"，而应该是"孩子，把速度降一点，一边读一边琢磨琢磨课文的意思"。让孩子读慢一点，孩子能做得到；当他慢下来时，他会对内容有更多关注，他能做到"琢磨琢磨"课文的意思。一段时间下来，当孩子能够做到时，他会逐渐地体会如何掌握读的节奏，如何在读的过程中关注课文的内容，如何能够让后面的背诵任务更轻松，这样孩子在学习时就不但专注，而且会越来越有方法。

  人类在信息采集上有"负面信息选择偏好"，会更倾向于选择关注负面的、不好的信息，而较少选择关注积极的、好的信息。所以，在目标设计上，如果用成人的"好好学""专注学"的标准要求孩子，这个目标放在孩子面前就像一条标准线，触线了就是合格，没触线的所有行为都是坏行为。拿这条线衡量孩子，我们关注的就总是孩子不达标、不合格的负面行为，我们会苦恼"怎么又说话，怎么又抠鼻子，怎么又发呆"。这时我们看不到孩子行为上的进步，看不到他已经"能够在学习前把铅笔准备好，把橡皮放到合适的地方"。只看到孩子的坏行为，而看不到微小的进步，我们在陪学中就会着急，孩子面对我们的要求也会沮丧，没有信心。

所以，设计孩子的学习目标不能过高过难，不能笼统，要遵循"小步子原则法"，观察孩子的现有水平，再以这条线设计孩子最近发展区内的具体目标，让这个目标可达成，让孩子在达成目标时获得小小的成就感。

把"好好学"当成一个行为能力体系，用小步子来构建

在心理咨询中，家长常常会觉得孩子的问题是"不好好学"，而咨询的目标是如何帮助孩子"好好学"。但如果我们能够用心观察孩子一周会发现，我们所谓的"不好好学"可能包含十几种或几十种具体行为，而"好好学"的目标中也相应包含十几种或几十种具体行为和能力。所以在教育中，我们不能简单地把"好好学"当成一个目标去要求孩子，而要把它分解为具体的行为能力体系，一项项地用小步子原则法去构建。

我们要先观察孩子的学习过程，看看孩子具体的走神行为有哪些，有什么表现。比如我们看到孩子连续几天在学习过程中总是因为选哪支笔分散注意力，耽误时间，那我们近期提的目标应是什么？"来，孩子，学习前把你需要用的笔都准备好""需要

用哪些笔，三支签字笔，一支荧光笔？好啊，准备好了开始学习吧"。这样学习前准备好笔，坚持一段时间后，这个行为就会稳定下来成为习惯。之后，孩子也会慢慢地把准备笔的这个好行为迁移到学习前对其他学习用具的准备上，迁移到学习前对学习资料的准备上，迁移到学习前对其他事项（上厕所、喝水）等的准备上，迁移到考试前对考试材料的准备上……孩子就学会了如何做好学习准备。

这样，我们观察孩子的学习行为，每次锚定一个小的可以改变的行为，从这个行为出发逐渐培养每一种能力，比如通过清单法培养作业管理能力，通过桌面管理法培养排除干扰能力，通过错题本法培养知识漏洞整理能力……通过这些行为，孩子"好好学"的能力系统就会逐渐得以建立，"好好学"的目标才会得以实现。

我们每次都要帮孩子设定一个他能达成的目标，这就是小步子原则法。当目标达成时，孩子就会自信，他就会知道"我这次学会了这种方法，以后就可以用这个方法。如果下次碰到其他问题，我也可以学习其他新方法"。小步子原则法能够解决任务太难、目标太高的问题，而小步子目标的设定就是要根据孩子的现有水平设定略高于他现有水平、处于他最近发展区内的目标。我们一定要牢记，我们提要求和提目标的目的不是证明"孩子做不到"，而是要让孩子"能够做到"，孩子能够达成的目标才是真正有效的好目标。

成长型思维：帮孩子找到解决困难的方法

当孩子觉得自己在某方面的能力不行，看到这方面的问题就想逃避怎么办？当任务太难，孩子看着它就发怵不敢尝试怎么办？要想突破这个困境，一方面要用小步子原则法帮助孩子把任务进行分解，降低任务难度；另一方面要帮助孩子形成成长型思维信念，即"我现在做不到，是因为我'暂时缺少'某种能力，如果我通过学习掌握了这种能力，那我就能做到"。

僵固型思维 / 成长型思维

成长型思维这一概念是由著名教育心理学家德韦克提出来的。关于成长型思维的实验是请一些孩子做数学题。第一轮的题目很简单，这些孩子能够做对，研究者通过给予孩子不同的反馈，将孩子分成两组。第一组孩子交卷，研究者判完卷子后，跟他们说"哇，都对了，孩子，你真有天赋呀，真棒"，夸他们有天赋，夸他们真棒。第二组孩子交卷，研究者判完卷子后，跟他们说"孩子，都对了，我刚才看到你解题的时候一直在努力找办法，真让你找到了，真棒"，夸孩子会找办法，夸他们真棒。一种夸有天赋，一种夸会找办法。研究者在这个实验中关注的是得到不同反馈的孩子，当他们后面碰到难题时，他们的表现有什么不同。

第二轮实验给出的题目比较难，是这个阶段的孩子解决不了的难题。当孩子交卷时，研究者会观察孩子们有什么不同的反应。当被夸"有天赋"的孩子拿到不好的结果时会叹气地走开。他们为什么叹气？为什么走开？因为他们知道"刚才那种题，我有天赋，能解决；现在这种题，我没天赋，解决不了，我当然走了"。当被夸"会找办法"的孩子拿到不好的结果时会问研究者一个问题："刚才我做这道题时一直在找办法，试了好几种方法都不对，到底哪种才是正确的解题方法呢？"这个问题很神奇，"到底哪种才是正确的解题方法呢"意味着"我目前还不会解这道题，但如果我知道了方法，就能够把它解出来。而且掌握了这种方法以后，类似的题我都可以解"。在问了这个神奇的问题后，孩子一定能够不断地学习新方法来解决难题。

在结果上，被夸有天赋的那一组孩子碰到难题后倾向于放弃，而被夸会找办法的那一组孩子在碰到难题后会继续努力找办法。从中我们看到，两组指导者在反馈方式上虽然只存在一点点差异，但是导致孩子后续的思维方式和行为结果却是天差地别。

田老师知识卡

3 成长型思维

"有天赋" → 难题 → 放弃 → 僵固型思维

"会找办法" → 难题 → 方法是什么 → 成长型思维

一个人的学习能力是相对固定的还是不断成长的？根据这一标准，德韦克将思维模式分为两类：僵固型思维和成长型思维。

第一组孩子认为能力是相对固定的，这方面行但那方面不行，这个水平行但再高水平不行，这就是僵固型思维。僵固型思维倾向的人强调从结果性目标上看能力，对能力做出二元对立的评价，关注能力的有/无、高/低、快/慢、优秀/差、能做到/做不到。第二组孩子认为能力是可以不断提升的，这就是成长型思维。成长型思维倾向的人强调从过程中看能力，聚焦具体行为对能力进行评价，关注能力的历练过程和获得途径。因此，碰到难题时，僵固型思维的人会觉得自己不行而选择逃避；而成长型思维的人会认为自己只是"暂未掌握"某种方法，只要找到方法，自己就会了，所以他们会选择坚持。

不是不行，只是暂未掌握某种关键方法

成长型思维的一个核心概念是"暂未掌握"。之所以碰到难题和挫折，只是因为"暂未掌握"某种关键方法或能力。成长型思维倾向的孩子碰到难题时，会问自己三个问题："我哪儿不会？""有什么方法或能力，我需要具备但我暂未具备？""我可以从哪儿学到、如何学到这个方法或能力？"。事实上，如果碰到难题，孩子能问出这三个问题，那他就会去找方法，找到方法以后他就学会了。因此，成长型思维的孩子面对困难时，不是说"难，我不会"，而是说"我暂时没有掌握某种方法或能力，我可以通过学习去掌握这种方法或能力"。我们在陪学中，要帮助孩子形成这种"暂未掌握"的信念，获得成长型思维。

比如孩子背课文时，发现课文太难、背不下来，怎么办？

用成长型思维的"暂未掌握"思路，我们就要去问：现在孩子难在哪儿；为了解决这个困难，他暂时没有掌握的方法或能力是什么；可以通过什么方式掌握这种方法或能力。

可能对有些孩子而言，难点是"这篇课文太生僻了，读了半天都没感觉，没法读得朗朗上口"。他觉得生僻，我们就要帮他找到一个方法，让他在背课文的时候有熟悉感，不生僻；他觉得没感觉，没法读得朗朗上口，我们就要帮他找到一个方法，让他在背之前能够读得朗朗上口。孩子需要掌握的能力状态是对课文有熟悉感，在背之前能够读得朗朗上口，我们可以与他一起讨论怎么达到这样的能力状态。可以讨论下一周要背哪篇课文或者哪首古诗，要早一点做准备，或者偷偷问一下老师："我家孩子每次背课文比较费劲，我们想先做准备，下周您计划让学生背哪篇课文？我们想本周先读熟它。"这样用一周的时间，每天把要背的课文读3遍，等到下周背的时候，孩子已经读了7天、21遍，他就不再觉得生僻了，他读起来会朗朗上口，背起来也会很流利。

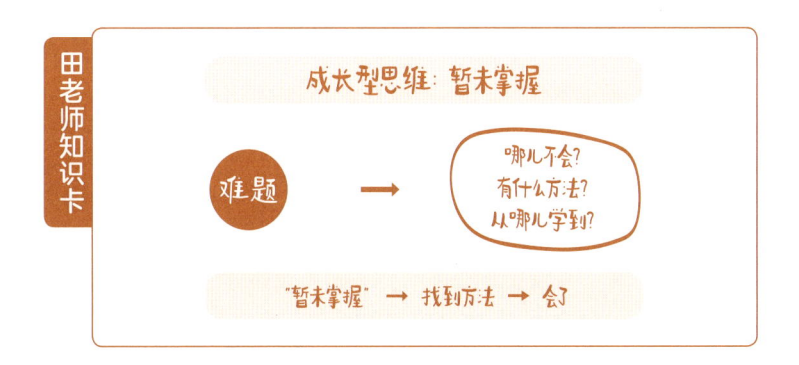

田老师知识卡

成长型思维：暂未掌握

难题 → 哪儿不会？有什么方法？从哪儿学到？

"暂未掌握" → 找到方法 → 会了

也可能对另一些孩子而言，难点在于对课文的意思不理解，我们就要找到方法帮他理解。比如背到古诗"乱花渐欲迷人眼，浅草才能没马蹄"，如果不理解，很难背，但理解了就会很形象、很容易。我们就可以找到这首诗的动画视频，让孩子看到春天的花开了，左边也好看，右边也好看，看得人的眼睛都停不下来；草长得不高不矮，刚好长到把马蹄没过去那么高。孩子就能体会春天的美好意境，用这个形象直观的方法就突破了理解诗意的这一关。

还有些孩子可能是语文基础弱，他对课文真的没感觉，他可能难在缺少阅读经验，那我们就让他多阅读、多听、多看，打好语文基础。找到难点，突破难点，孩子就成长了。

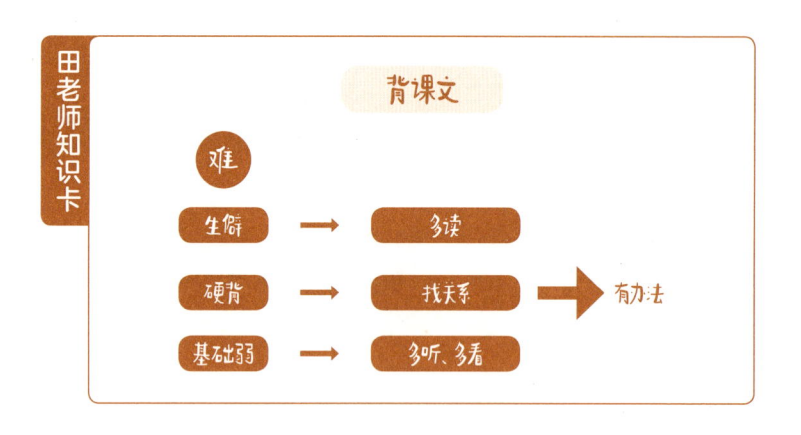

田老师知识卡

背课文

- 难
  - 生僻 → 多读
  - 硬背 → 找关系 → 有办法
  - 基础弱 → 多听、多看

所以，用成长型思维解决那些"难题"时，核心的观念就是"暂未掌握"，"我只是现在不会，如果找到方法，具备了能力，我就能够解决问题"。这样孩子通过解决一个个难题，习得一种种新的方法和新的能力，就实现了方法和能力的升级，他就会对学习有信心。孩子的学习信心不是父母夸出来的，也不是凭空产生的，是孩子在这样一步一个脚印、一次次征服困难的过程中养成的。

小结

如果目标设得太高，孩子屡次努力都达不到，他会习得无助性的信念（"我不会""我不行""我做不到"），在碰到类似问题时便会退缩。

首先，我们要用小步子原则法，将过高的目标进行分解，去设定当前孩子能够达成的目标，让孩子在达成目标的过程中积淀能力，增强信心，这样孩子就敢于面对难题。

其次，我们要用成长型思维，针对难题，为孩子植入一个"暂未掌握"的信念，相信自己不是不会，只是针对这个难题暂时缺少某种方法或能力，只要自己掌握了这个方法或能力，就能够解决问题。这样孩子碰到难题时就会肯于钻研难题，主动去找方法，升级自己的方法和能力体系。

课后操作手册

练习：设置成长型目标

第一步：找到那些让孩子感到无助的要求和任务

我们可以通过 3 个问题观察哪些要求或任务会让孩子有无助感。"哪些要求，对他提了很多次他都达不到？""孩子在哪个学科的哪种问题上爱逃避？""孩子在哪种要求面前容易退缩？"这时，我们就会找到那些让我们头疼不已的问题，这些问题同时也常常是让孩子无助叹气的问题。比如：

- 每天作业拖到很晚才完成，让他早点做，然后有时间运动、阅读和休息，可他就是拖拉。
- 做语文阅读的主观题，或者简单地写几个字，或者干脆不写，就说自己不会写。
- 不敢公开发言，上课老师让他上台回答问题，他十分紧张，表达不清。

第二步：观察自己提要求、鼓励和批评的角度

针对发现的这些问题，记录自己平时在这些问题上对孩子提要求、鼓励和批评时的语言，看看我们的评价是更多指向结果或品质，还是更多指向行为过程。

指向结果的鼓励、批评和要求，比如"做得真快""写得真好""表达得真准确"，会让孩子向往好的结果，害怕坏的结果。下定决心想要做好，但是行动时退缩，不敢尝试，不肯脚踏实地地一步步走。比如父母今天夸孩子"作业写得快，一页纸的生字，20分钟就写完了"。下次孩子如果慢了，他发现5分钟才写了3个字，就会感到痛苦，"就算使劲儿写，20分钟也写不完""我也希望自己20分钟写完，但我做不到"。这个孩子这次被夸"写得快"，下次他也会希望自己写得快，一旦写得慢他就感到痛苦，会对自己的速度失去信心，也不愿意咬牙坚持。

指向品质的评价，比如"真专注""真努力""状态真棒"，也会让孩子退缩。因为父母对好品质和坏品质常常会有双重标准，好品质是"各方面表现都要好，有一点坏就是不够好"；而坏品质是"全改变才是变好了，有一点坏就还是坏"。这就使得好品质变坏很容易，而改变坏品质却很难。如果父母用这样的标准要求孩子，他看不到进步时会沮丧。比如"专注"这个品质，需要"各个方面都专注，一点走神都没有"，家长才会觉得孩子"专注"；而有一点不好时，家长就会看到"你学习的时候能不能别总是喝水、上厕所，学习时能不能专注一些"。等孩子把一个问题解决了，家长会盯着他另外一个"不好"，继续说"你能不能别总是抠手、咬指甲，学习时专注一些"。也就是说，当家长对"专注"进行品质性评价时，

总会看到各种坏行为不断冒头，看到孩子"还需要继续努力"。可是如果孩子努力做出的每一个微小改变，带来的结果都是"还不够专注，还需要继续努力"，这个专注的目标对孩子而言就是一种挫败，会带来无助感。

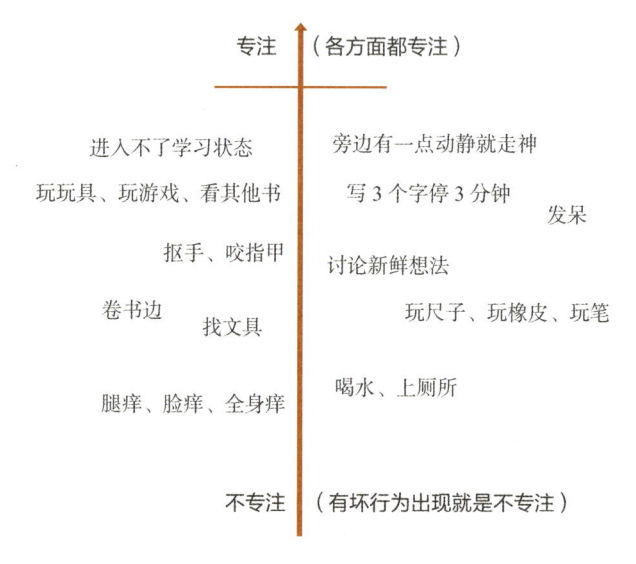

专注（各方面都专注）

进入不了学习状态　　　旁边有一点动静就走神
玩玩具、玩游戏、看其他书　　写3个字停3分钟
　　　　　　　　　　　　　　　　　　　发呆
　　　　抠手、咬指甲
　　　　　　　　　　　讨论新鲜想法
　　卷书边　　找文具
　　　　　　　　　　　　玩尺子、玩橡皮、玩笔

　　腿痒、脸痒、全身痒　　喝水、上厕所

不专注（有坏行为出现就是不专注）

基于品质的评价所带来的对"专注"与"不专注"的界定

所以，家长要观察自己对孩子的评价，看看在那些孩子觉得无助、畏难的问题上，我们所提的要求、鼓励和批评是指向行为过程的还是指向结果或品质的。将这些语言记录下来并进行分辨，有利于我们觉察并主动调整，将指向结果或品质的评价方式调整为指向行为过程的评价方式。比如孩子上台讲话紧张，我们可以做如下记录。

观察记录及调整方向示例

类型	语言表达	指向行为还是结果?	如何调整?
要求	上台讲话时放松点，别紧张	指向结果"放松发言"	调整为指向过程 "哪些方法能够保证在紧张时也能够清楚表达"或"哪次或哪些情况下讲得比较放松"
鼓励	你这次讲得很清晰	指向结果"讲得清晰"	调整为指向过程 "哪个内容讲得清晰，如何讲的"或"说话声音怎么样，语速控制怎么样，听起来怎么样"
批评	你讲话抓不住听众的注意力	指向结果"不吸引人"	调整为指向过程 "讲哪些内容时听众注意力集中，讲哪些内容时他们容易走神""用什么样的方式让他们更能专注地听，什么方式会让他们容易不专注"
要求	在台上双脚站稳、看向大家，做一个深呼吸后再讲话	指向行为"发言前的站姿、目光、呼吸"	
鼓励	你的声音很洪亮，我在最后一排也听得很清楚	指向行为"声音洪亮"	
批评	你讲话时没有看向听众，少了一点眼神交流	指向行为"没有看向听众"	

第三步：提出具体可行的小步子要求

通过观察，看到基于目前情况孩子能做的改变是哪一点，哪一个小步子要求是他能够做到的。提要求时要符合三个原则：一是基于实际的学习过程，二是有关于具体行为的描述，三是基于最近发展区。也就是说，要观察孩子的整个行为过程，从过程上针对具体的行为提出能够做得到的具体要求。

指向结果、指向品质、指向表现的要求会让孩子心动，但在执行时会发现目标太远，而且没有可操作的手段，让孩子有眼高手低的痛苦。只有指向过程和具体行为并且可以达到的要求才能让孩子真的改变。观察孩子的行为，看到孩子目前的"坏行为"是什么，可以如何改变，只要在改变上迈出一小步，就会有好结果。一个个好结果会逐渐积淀成好品质。

我们可以问问自己："孩子最近在哪些具体的行为上可以有小的改变？"然后在一段时间内关注这个微小的改变，当看到孩子做出微小改变时给予及时反馈。

以作业拖拉问题为例，我们要做的是观察孩子具体在哪个部分拖拉。父母不能说"哪儿哪儿都拖拉"，整体上提要求是改变不了现状的，要从具体行为上提要求，哪怕孩子有几十个拖拉行为，也要先锚定一两个微小的行为进行调整改变。

比如在学习启动上总是比较慢，父母要和孩子一起做的是，每天放学回到家，用我们前面讲到的作业清单法把清单列好，然后选最容易的一项开始。如果没有容易的事项，就把难的任务分解成容易的事项。最近一段时间，当孩子有别的拖拉行为时，我们略微提醒，但少关注，就关注任务启动这一件事，孩子会不会找容易的任务，是否越来越会启动，这样孩子在启动上就会越来越熟练，越来越容易。

比如孩子写卷子时走神，他的注意力不能一直集中，那就用目标分解法把卷子分解成两部分、四部分或者八部分，让孩子完成每个部分时都不觉得太难，都觉得自己能够集中注意力，这样孩子就能坚持了。在这段时间里尝试找到"任务分解后，略微努力就能集中注意力完成的状态"，一段时间后孩子主动管控注意力状态的能力就会越来越强。

孩子的学习质量，从来不会一下子出现质的飞跃，不会一下子从磨蹭变成高效，一下子从不用心变成用心。而是一个个细节、行为上的小变化，这些小变化会慢慢地带来大变化。

第六章
情绪控制→孩子成绩不好，家长怎么做

糟糕的成绩常常会给孩子带来挫折感和焦虑感。有一位妈妈在考试前和孩子约定："这次期末考试如果三科都到90分，就给你买你想要的那种行李箱，你以后出门就可以自己拖行李。"孩子特别开心，努力复习，但期末成绩比预期的成绩差了一些，三科中只有一科到了90分。孩子看到这个成绩，立刻就哭了，说他不想面对这个糟糕的成绩。虽然妈妈后面还是给他买了行李箱，但是孩子从这次考试开始就有了心理阴影，以后每次考试前他都会很不安，没法静心复习；考试时会很紧张，没法正常发挥，焦虑的状态让他总是考不出好成绩。当孩子不敢面对糟糕的成绩时，家长该怎么办？

田老师知识卡

- 考得不好 → 哭
- 考试前 → 不安 → 输不起
- 考试中 → 紧张

心理机制：为什么孩子总是输不起

孩子对考试成绩的态度本质上是由他的输赢观决定的。在他的输赢观中，是更关注结果的输赢，还是更关注与结果相对应的学习过程，这个输赢观决定了他的备考过程、考场表现和考试后的行为。更关注考试结果的孩子，当他想要好的成绩但没把握时就会焦虑，在考试前不能静心复习，在考场上惴惴不安，在考试后害怕面对不好的成绩而产生怕学厌学心理。更关注学习过程的孩子会强调备考过程，在考试前把能做的准备工作做好，等到考场上好好通过这次考试锻炼自己的应试能力，在考试后通过做试卷分析进行查漏补缺工作，这样孩子的能力就会不断地在备考和考试中得到提升。

父母对待孩子成绩的态度会直接影响孩子的输赢观。在心理咨询中我发现，当孩子考得不好时，父母有两种典型的错误行为模式会导致孩子的输赢观过于指向结果，而难以面对糟糕的成绩。

田老师知识卡

父母的两种不当反应

"输"
- 考不好，我打你
- 没事，成绩好坏无所谓

底层信念：考试的结果只有输或赢，成绩不好就意味着这次输了

    第一种错误行为模式是指责、惩罚。"你怎么学的，考这么低的分？""考这么差，是不是找打呀？"这样的态度会使得孩子从低年级开始就明白"考不好"是坏事，"考不好"是一定要避免的事，所以孩子就会非常担心考不好。格雷提出的强化敏感性理论认为，根据行为趋近和回避的动机特征可以将个体的行为模式分为三种。第一种是行为趋近系统，是"想要"的力量，它对奖赏性刺激比较敏感，让个体调动身体能量去行动以达成目标，获得想要的结果。比如考试前有的孩子对自己说"我要把这些知识点都复习到，这样考试时不管考什么我都能答出来"，他们会为了趋近好的结果而努力复习。第二种是行为抑制系统，是"逃避"的力量，它对厌恶性刺激比较敏感，它让个体产生焦虑情绪，抑制相关行为以逃避惩罚。比如考试前有的孩子对自己说"我得赶紧背，要不然这次肯定会考砸，我可不能再坐在这儿神游太空了"，他们会为了避免取得坏结果而停止走神等行为。第三种是战斗-逃跑-僵死反应系统，它对危险性刺激比较敏感，在危险情境下激活个体的身体能量去战斗或逃跑，如果发现斗不过也跑不掉会僵住

不动,以停滞的状态应对危险的刺激。比如有的孩子对考试害怕到紧张恐惧的程度,他会在考前头脑僵滞而无法进入复习状态。

如果孩子每一次考得不好时,父母都以指责和惩罚的方式对待孩子,孩子会对成绩特别关注,对坏成绩产生"避"的动机。这种"避"的动机一开始能够让孩子努力学习以避免坏成绩,但如果几次尝试后他发现自己难以取得父母要求的成绩、没有办法避免坏成绩时,就会产生考试焦虑情绪,形成"我不行,我考不好"的无助性信念。这种焦虑情绪和无助性信念容易发生泛化,将"害怕坏成绩,不想要坏成绩"泛化为"害怕考试,不想考试""害怕学习,不想学习"等广泛性怕学厌学心理。

第二种错误行为模式是过快安慰。"没事儿,成绩好坏无所谓""考得不好没关系,只要你努力就好",这种过快安慰常常起不到作用。在整个中小学阶段,学习是孩子的主要任务,如果学习成绩好坏无所谓,那还有什么是有所谓的呢?孩子会觉得:"如果成绩好坏都无所谓,我为什么要付出那么多努力去学习呢?"成绩是对整个学习过程的反馈,是学习过程的结果,是孩子一定要重视的。在孩子考不好时,这样的安慰难以让孩子沮丧的内心得到真正抚慰。

还有些父母觉得成绩很重要,但害怕孩子有压力,所以安慰孩子说成绩好坏无所谓。但问题是,我们表达的信息分为两类:言语信息和非言语信息。有时我们言语信息上说的是"成绩好坏无所谓,你努力了就好",可我们的非言语信息(表情、动作、语音、语调)在孩子考得好坏时的表现却不一样:孩子考得好时,我们兴高采烈、眉飞色舞地说"孩子,考得真好,真厉害,走，我们好好去吃顿饭"；考得不好时，我们忍住失望、语气故作振奋地说"没事儿，努力就好，走，我们好好去吃顿饭"。虽然我们说的话都是"考完了好好去吃顿饭"，但我们的表情、动作、语音、语调中传达的非言语信息不一样、情感不一样、态度不一样，孩子怎么会觉得考得好坏无所谓呢？当我们心里对孩子的成绩失望，而言语上对成绩表现出无所谓的态度时，这种内外不一致的态度反倒会加重孩子对糟糕成绩的失望和沮丧感。

事实上，当孩子考得不好时，指责和快速安慰这两种态度的底层信念其实是一样的：考试的结果只有输和赢，而且这两种结果是对立的，取得好成绩就意味着赢了，没有取得好成绩就意味着输了。这两种态度对孩子的影响一定是"考得好我欣喜，考得不好我沮丧"，时间长了孩子就很怕输，害怕达不成目标，面对不可控的考试成绩就会很忐忑。在咨询中，有很多孩子会在考试前不停地在心里默念"希望这次考试的题我全会""希望这次会的题全答对""希望在写作文时文思泉涌"。有的孩子甚至迷信了，如果某次考试穿着一件蓝色上衣刚好考高分，下次考试时他也会穿同一件衣服，希望上次的好运能再现。

当孩子只盯着输或赢的结果，而对结果又觉得无法控制时，面对考试他必然会焦虑，面对可能的失败他必然会逃避。

输赢观：树立正确观念，关注输赢过程

我们要培养孩子正确的输赢观，与孩子一起把目光从对输

赢结果的关注拉回到对学习过程的关注。孩子考得好时，我们要好奇地问："你是如何做到的？你做了什么有这样的效果？"考得不好时，我们也要好奇地问："你在哪个方面存在漏洞，平时可以怎么练习，能够把它补上？"这样孩子在赢了时不只是开心，还能够把成功的因素找出来，将之稳定下来形成习惯；孩子在输了时也不只是难过，还会把导致失败的知识漏洞、方法漏洞、能力漏洞找出来，再找到方法弥补，实现能力升级。

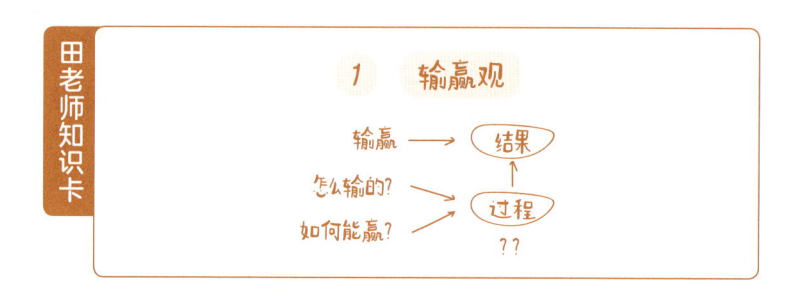

田老师知识卡

1 输赢观

输赢 → 结果 ↑
怎么输的？ → 过程
如何能赢？ ↗ ？？

考得好时，问"如何做到的"把成功因素找出来

孩子考得好时，家长看到好成绩时的第一反应对孩子输赢观的培养至关重要。这时，如果家长眼中带着光芒、激动振奋地说"哇，孩子，100 分，真的太棒了"，这种只盯着输赢的评价虽然能够让孩子开心，但它不能把取得成功的因素抽取出来并将其复制到未来。如果孩子期待下次再考 100 分，期待再看到父母眼中激动的光芒，但他却不知道如何做到、对结果没有把握，他就会对结果患得患失。"只有 90 分的能力，但渴望 100 分的结果"会

让孩子害怕考试，害怕失败的结果。所以，在孩子取得好成绩时，父母只是表达开心还不够，在开心地说完"100分，真的太棒了"之后，还要好奇地问孩子是"如何做到的"，把孩子做得好的行为及这个行为的好处指出来，让孩子看到。他看到行为及行为的好处，这个行为就会被强化，形成习惯。

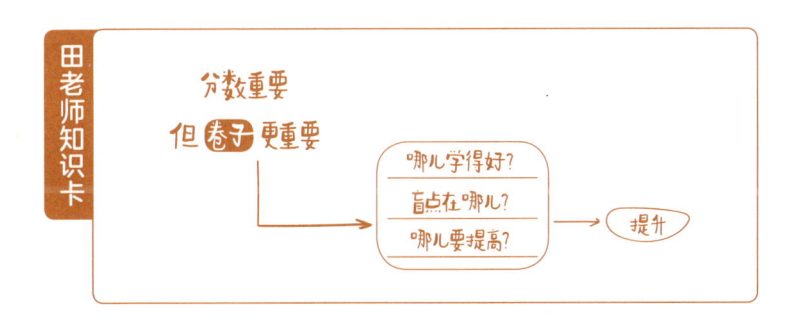

田老师知识卡

分数重要 但卷子更重要 → 哪儿学得好？／盲点在哪儿？／哪儿要提高？ → 提升

示例1：行为——考试前整理错题，行为的好处——没有知识盲点。比如，我们发现考试前，孩子把所有抄在错题本上的题以及练习卷中的错题整理了一遍，都掌握了，我们要鼓励这个行为，并让孩子看到这个行为与考试结果之间的关系。我们可以说"孩子，我发现你考试前把所有错题做了一遍，这样考试的时候就没有知识盲点了，是吗？""哦，所有的知识盲点都搞定了，怪不得能得到高分，这个方法厉害！"父母要说的不是"孩子厉害"，而是"方法厉害"，这种"对事不对人"的夸奖能够帮助孩子把好的行为与方法固定下来。

示例2：行为——练习数学验算，行为的好处——能把错误检查出来。比如，我们看到孩子最近一直练习数学验算，果然在考试时没有因为算数上的错误丢分，我们就要说："孩子，你之前一直练习验算，怎么样，在考试的时候有用吗？检查出算数错误了吗？"如果孩子发现验算确实有用，他通过验算检查到错题，那他就能体会到这个方法有用，他一定会继续练习验算，不断提升这个能力。而且这种精进会有泛化的特征，当孩子知道验算这个检查方法能够让他发现算数上的错误时，以后如果在其他类型的错误上丢分，他也会去寻找其他好用的方法来发现相应的错误，他的检查能力会持续提升。

示例3：行为——主动调整学习状态，行为的好处——进度快、复习全面。比如，我们看到孩子平时学习磨蹭，可是在考试前进入了应战状态，学习速度提高了，把想复习的内容都过了一遍。这时我们要说什么才能既让孩子把这种状态稳定下来，但又不至于养成平时不学、考试猛补的习惯呢？我们不能说"平时不见你学，考试前学几天就能考这么好。如果平时也这么学，你得多厉害呀"，也不能跟别人说"平时看不到我家孩子学习，一到考试前使劲学几天，考得还不错"。如果这样说，孩子会听到什么？他听到了平时不努力而考试前突击是一种光荣和炫耀，那他就会减少平时的努力。这时，我们需要说的是"孩子，我看到你考试前每天一回来，吃点水果就立刻坐下来学习，好像一下子就进入学习状态了。这些天还真的是赶了很多进度，复习特别全面"。孩子会自豪地说"是呀，我一天能学出平时一天半的量"。我们接着说"这个状态下效率确实高。那你试试在平时也用这个状态学，看看能不能每天省出20分钟阅读，你就不用发愁每次读书读不过瘾了"。通过这样的评价，我们引导孩子看到好的学习状态的作用是能够提高效率，从而节省时间做自己想做的事情。孩子看到这个行为有好处，这个行为才有机会得到强化。

问题：当家长不知道孩子通过什么样的行为取得高分时，怎么夸？

有些时候，家长也没有看明白孩子到底是做了什么才得到高分，这时家长先不要空洞地夸奖孩子"棒""厉害"，而应好奇地问孩子："妈妈很好奇，你做了什么，这次考得这么好？你这次复习或考试跟以前有什么不一样吗？"高年级的孩子会有自己的发现，他能够自己把行为与高分的结果联系起来，这样他就能主动养成好的行为习惯；低年级的孩子可能自己也不知道是怎么考好的，那我们就接着说："一定是你做了什么，起到了作用。下个阶段的学习中，我们一起观察观察，看看什么行为对提高成绩有用。"这样帮助孩子把关注点拉回到对积极学习行为的关注上，他的积极学习行为也会越来越多。

考得不好时，从学、考两方面着手把丢分点搞定

当孩子考得不好时，我们要从学习能力和考试能力两部分着手，分析问题出现在哪个部分，如何能够提高。

学习能力部分：珍视"考得不好"的卷子，抓住其中的反馈信息

家长可以好奇地问："丢分点在哪儿？什么样的题容易出错？知识、方法和能力的漏洞在哪儿？如何在之后的学习过程中提高？"

示例：好奇地问分数丢在哪儿了，提示有什么知识漏洞、方法漏洞或能力漏洞。比如，我们看到孩子因为有一科成绩没有达到 90 分而难过，就要好奇地问"哟，85 分，和你理想的分数不太一样是吗？这个成绩让你有些意外？""我很好奇这 15 分丢在哪儿了，真想赶快看到卷子，我们如果知道这些分数丢在哪了，下次就有办法把这些分数拿到。"父母要评价的不是分数高低，或者分数丢得应不应该，而是好奇卷子里面丢掉的 15 分代表什么。我们的底层情绪是好奇，是想去看看丢分点给我们带来的反馈信息。这样，孩子拿到卷子不是恨不得马上把它撕掉，而是当宝贝一样地拿到手里，立刻翻看它提供了什么反馈信息。

所以分数很重要，但是卷子更重要。从卷子分析中，我们可以看到原来有哪些薄弱的地方通过一段时间的学习搞定了，有哪些题曾经不会但这次做对了，也就是可以明白哪儿做得好。然后可以接着分析哪儿有困难，它提示了哪些知识盲点或者能力盲点，怎么突破。利用卷子中的反馈信息精准地找到问题、盲点，孩子就知道接下来应该在哪儿努力。

考试能力部分：将"考得好"作为可以历练的能力，不断地练习和精进

不是简单地说一句"下次好好考"，而是好奇地问："这一次考试过程中哪里出现了问题？这个部分在平时的小考中可以怎么练习？下次在考场上可以怎么练习？"我们对孩子说的不应是"只要平时学会了，考试成绩好坏不重要"，而应是"学习和考试

一样重要，考试的能力也得练，看看哪儿有问题我们就找到办法来练习。如果你会学又会考，成绩当然就有把握了"。我们要引导孩子对考试的意义形成正确的认知。一方面，要让他明白考试很重要，它能代表前面一段时间的学习；另一方面，要让他明白，这次考试只是他一生之中很多考试中的一次，要通过这样一次次的考试提升应试能力。孩子就能够懂得"原来考试能力也得练"，这次考场中出现的问题就像试卷中发现的错题一样重要，只要发现问题所在，就开始找解决办法，多练习几次之后就能把问题解决。

示例：好奇地问考场中的哪项能力需要练习？比如，孩子在考试刚开始时发现有道题不会，心里有点担心"自己没有复习到位"，导致后边越想越慌，影响了考试状态。这种情况下，家长首先要呼应孩子担心的感受，可以说："你在看到不会的题时有点慌，担心自己没复习好，对吗？""你在有点担心的时候，后面的状态会受影响，对吗？"然后，我们要引导孩子更好地理解这种情况和感受，可以说："是，随着年级升高，考试难度会加大，卷子上会有一些难题、让你觉得没有把握的题。之后你在做卷子或考试时可以练练，看到不会的题，你在心里做个选择。你可以选择再用3分钟跟这道题'死磕'，看能不能有新思路；你也可以选择把它放下，等其他题做完后再做它。这段时间重点练练碰到不会的题时用哪种方法更好。"这样，孩子下次碰到不会的题，他就会练习根据题目掌握程度分配时间和精力。

如果孩子通过练习解决了考试中的这个问题，下次碰到其他问题，比如时间不够用、做听力题时没法快速集中注意力，他也会找到办法——练习。孩子的应试能力就会通过一次次练习不断提高。

> **田老师知识卡**
>
> **分数的意义**
> ① 检验过程、方法
> ② 找到盲点
> ③ 仅是终身学习中的一次成绩

心理韧性：成绩不好，怎么反弹

当孩子因为考得不好而心情处于低谷时，我们该怎么办？面对孩子的坏心情，我们会不会着急，会不会希望孩子不要遭受这样的痛苦，希望他能够一生顺利，一直快乐开心？实际上，对于"低谷"的认知决定了家长帮助孩子走出低谷的方法。

看长长的一生，我们会发现，人生从来都不是一帆风顺的。如果有一帆风顺的人生，我们会觉得这样的人生有些无聊，在这样的人生中，我们自己也会平庸无聊。就像我们看一部电影，如果主人公的人生特别平顺，从小生活在幸福的家庭中，幸福地长大；上学后学习顺利，每次考试成绩都特别好；上了理想的初中、高中、大学；找到理想的工作、理想的爱人；每天顺利地上班、生活；有了孩子后每天看着孩子幸福地长大、学习、升学、工作、结婚、生子……我们想看这样的电影吗？应该不会，我们希望看到的是跌宕起伏的情节和人生。实际上，真实的人生也一定不是完全平顺的，而是跌宕起伏的。有段时间生活是平淡的，天天按部就班地学习、工作；过段时间碰到喜事，登上高峰，"哇，考得真好，工作真好，很开心"；又过段时间碰到坏事，跌入谷底，"考得不好，工作没进展，怎么努力都没用，不开心"；再过段时间，心情回弹，重新对学习和生活有了信心，再继续努力……好像人生就是这样，一会儿在平地，一会儿在高峰，一会儿在低谷。

心理学专家黄素菲说："看似幽暗的负面经历，却留下强韧的生命力，经验深挖生命的河床，容纳更充沛的水流。"在孩子的心情处于谷底时我们不仅要给他安慰，还要帮助他积蓄力量，形成心理韧性，有信心继续前行。

只有理解负面情绪的价值，才能接纳负面情绪

当孩子难过时，我们不要急于让孩子的情绪很快好起来。太快安慰他或者用转移注意力等方法让他的情绪好起来，是因为我们习惯于只接纳孩子的积极情绪，而对孩子的负面情绪不接纳。这样会使得孩子只能接纳自己的积极情绪，对负面情绪害怕或者选择逃避。随着孩子长大，像成绩不理想等各种不如意的情况会经常出现，这时如果孩子不接纳负面情绪，对出现的负面情绪都是立刻转移或者逃避，其实不利于孩子从负面情绪中获得成长，也不利于孩子长大后接纳全面而真实的自己。

每一种负面情绪的产生都是因为心里的需求没有得到满足，每一个负面情绪下都藏着一个"我想要做好"的力量。当孩子的负面情绪出现时，我们先观察一下自己，我们是什么感受，我们

是急于哄好他，还是因为他的难过而焦躁，抑或因为他的难过而愤怒，或者急于帮他找到解决办法。看到我们自己的感受，看到我们本能的、自动化的反应模式，我们要对这些反应主动喊"停"，然后，带着觉察的心去观察孩子，静下来、慢下来去感受孩子是因为什么需求没有得到满足而难过，如何帮助孩子找到方法满足需求。

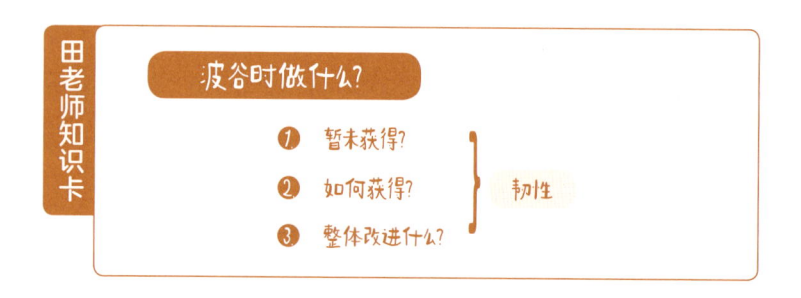

田老师知识卡

低谷时做什么？

1. 暂未获得？
2. 如何获得？
3. 整体改进什么？

韧性

比如孩子因成绩不理想而难过，他为自己犯了不该犯的错、丢了不该丢的分而感到懊恼。这时，他的心理需求是"把该得的分得到"。我们首先要肯定他的这种需求，然后，再探讨"把该得的分得到"这个需求对他而言意味着什么。一个孩子想要一个心仪的拉杆箱，他为了自己的目标努力，这时他想得到好成绩并以此获得自己想要的礼物的需求是需要我们肯定的；也可能孩子觉得虽然自己平时学习努力，但考试成绩是不可控的，这种不可控的感受让他难过，他希望能够把该得的分得到，以便在考试中增加可控感，这样的需求同样是需要我们肯定的。

所以，我们不要急于安慰孩子，而是要慢下来、静下来去理解和体会孩子为什么难受，理解孩子的需求；等孩子心情平复下来时和他一起讨论如果再次碰见类似的问题怎么解决。这样孩子的需求会被重视，"我想要做好"的力量才能得以激发。

在波谷中，培养孩子的心理韧性

孩子在学习过程中常常会碰到瓶颈期或波谷期，家长要理解波谷的意义及其对孩子成长的价值。

一个小学生的妈妈说，孩子的语文成绩很好，一、二年级时几乎能拿满分，可是到了三年级每次他都因为阅读丢分，做了很多题，成绩还是不见提高。实际上，三年级正好是阅读能力提升的时候，这时有些题变得很难。一、二年级的阅读题相对简单，孩子全会而且全能做对，可到了三年级，他突然不会了，或者是做不准确。那孩子在阅读上就会进入瓶颈期或者处于波谷，怎么办？这时，我们一定要问孩子："阅读最近不好拿分了，三年级的阅读和一、二年级的阅读的差别到底在哪儿？"一问就明白了，三年级的阅读要求"理解"，要理解关系、理解情感、理解表达。所以，孩子在后面的学习中需要做几件事，比如在做题中发现自己的答案和标准答案的出发点不一样，琢磨一下出题人的角度；或者请老师讲一讲这个"理解关系"的题目，自己多练练；或者可能发现提升阅读理解能力，得多阅读，不但读课本，还需要加大阅读量，广泛地读书，读不同类型的书。

经过这样的过程，在三年级时被阅读题卡住的孩子就获得了提升能力的机会。他不仅学会了如何阅读，如何理解，而且有动机读平常没读的书。这样孩子在波谷中积蓄了力量,回弹的时候,他就会特别有韧性。所以我们说的心理韧性,就是在波谷的时候有能力去理解自己、理解情境,能耐心地积蓄力量,这样才有力量弹回去,继续前行。这次孩子在波谷中获得了成长,突破了阅读难题,下次他就不怕进入波谷,敢于面对低落的情绪。

在人生观中,通过故事看到波谷的力量

在整个人生观中,我们如何看待波谷?是欢迎它,还是拒绝它?波谷对我们的人生有什么意义?我们可以在生活中和自然中看到相关的故事,找寻答案。

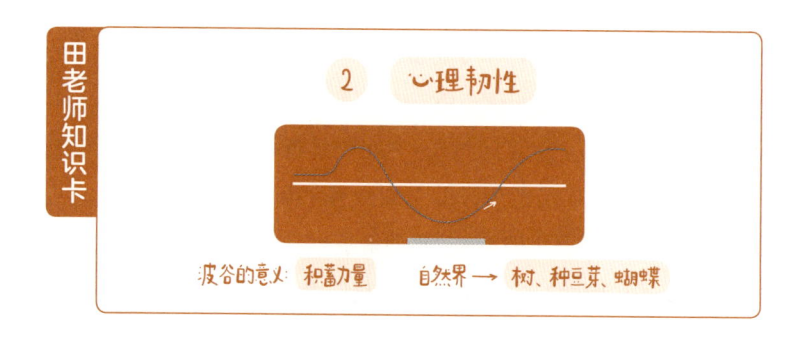

田老师知识卡

2 心理韧性

波谷的意义:积蓄力量 自然界 → 树、种豆芽、蝴蝶

在自然界中,每一种植物、动物的生长,实际上都会碰到挫折,都会有难以过去的坎儿。比如树的生长就很有意思,在它生命的前三年里,小树苗就那么高,不怎么长。这时我们都会发愁"这棵树苗三年才长了这么高,它什么时候才能长成一棵大树啊"。但是我们仔细观察就会觉得很有意思,小树苗在地面以上没长多

高，可是它周围的一些地方的土地会隆起，似乎它已经在周围扎根。而且树苗虽然看着不高，但我们如果尝试把它拔起来是不可能的。为什么？因为在生命的前三年里，树苗看似没有生长，但是它在努力向下扎根，它已经把根扎到周围的一片区域。而且树苗越是长在坚硬少水的土地里越是会把根扎好，碰到坚硬的泥土扎不进去，它就要更用力；碰到有石头没有办法扎根，它就要绕过石头在周围扎根；碰到雨水不多的环境，它就要努力延展根系，把根系扩展到很远处以吸收足够的水分。等它把根扎稳了，三年之后，这棵树就会往上长。这些树根扎得远，它就能够吸收更多的营养和水分保证后面长成大树时也够用，哪年碰到干旱，它也不怕；根扎得稳，等它的树冠长得很大时也不怕被风吹倒。

反过来，如果这棵树长在特别松软的土地上，它扎根顺利，营养也丰富，它不需把根扎得那么深远，那么当这棵树长高时就会面临较多的危险。所以，对一棵树而言，困难很有意义，它扎根的时候碰到坚硬的土地或干旱的环境，能够让它把根系发展得更好。对孩子而言，困难也一样有用，碰到的每个困难都能够让孩子把能力体系发展得更充分。

种豆芽也是这样的过程。我从小生活在东北，冬天各家都喜欢种豆芽，种豆芽的过程很有意思。把豆子铺好，加好水，重要的是在豆子上面盖上石板。这块石板对豆芽的生长而言是巨大的困难，这样豆芽就要顶着石板生长，很难。但很神奇的是，当这些豆芽顶着石板的压力齐齐地长起来时，每一棵都粗粗壮壮的，很有力量。如果没有这层石板，没有这个压力，豆芽长得快，一下子长得很高，但它们会很细。

蝴蝶破茧而出也是这样的过程。破茧破的是什么？是破除茧带来的压力，破茧的过程中蝴蝶的身体将体液挤向翅膀，它的翅膀就会变得很强大，从茧中钻出来后，它才能展翅飞翔。如果在蝴蝶破茧时，我们心急，拿剪刀把茧剪出一个口，蝴蝶钻出来会很容易，但它的翅膀就失去了生长的机会，它就很难飞翔。所以，茧是压力，但也是蝴蝶生长中最重要的力量。

孩子的成长也是这样的过程，没有哪个孩子能够一帆风顺地长大，如果在成长的过程中不想经历波谷，逃避所有的压力、痛苦，逃避所有沮丧、难过的情绪，那孩子就没法积蓄力量，设法变得强大。家长如果太快地帮助孩子摆脱负面情绪，孩子就不能体验征服困难带来的力量。所以，挫折和波谷意味着积蓄力量，积蓄心理韧性，在这个过程中孩子积攒够了力量，未来就可以走得更远，基础就会更扎实。每次处于波谷的时候，我们要思考三个问题：孩子现在难在哪儿，他现在暂未掌握的能力是什么？用什么方法可以获得这种能力？然后，我们还要看得更远，我们要问，在整体上、在大的环境系统中还需要做什么改变和改进，如何在生活中不断地用成长型思维培养孩子暂未获得的能力品质，让孩子更有韧性、更有力量。

免疫机制：不断挑战压力，才能越战越勇

"心理免疫"是积极心理学家塞利格曼提出的概念。当孩子碰到困难时，他会痛苦难过，甚至以为自己过不了这个坎儿，可

是等他通过努力渡过了难关,并且在困难中提升了能力,孩子就获得了应对困难的能力。以后再面对困难,孩子就不怕,他就会有信心、有能力战胜困难,这就是心理免疫力。

塞利格曼提出的这个概念来自生理免疫。比如我们的身体被流感病毒侵袭后,流感病毒会迅速复制,我们身体如果没有抵抗这种病毒的经验,可能一下就会被击垮,我们会发烧、咳嗽,经过一段时间的煎熬,身体会逐渐组织力量消灭病毒并获得消灭这种病毒的经验,等康复后,我们对这种病毒会产生生理免疫。打流感疫苗也能够帮助我们建立对流感病毒的生理免疫,实际上流感疫苗也是一小剂流感病毒,只是它是一种不会迅速复制的病毒,这样就给身体以时间和机会去组织力量对付这种病毒,调兵遣将把这些病毒消灭掉。这样经过一次小小的实战,我们的身体就有了对付这种病毒的经验和办法。当这种病毒真的来袭时,我们的身体就能迅速调动力量把它消灭掉。这就是生理免疫。

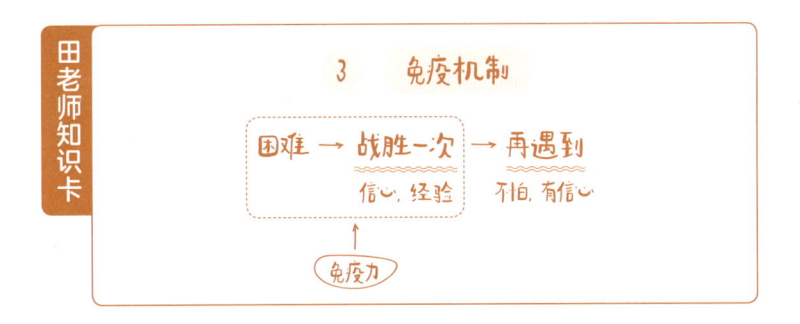

田老师知识卡

3 免疫机制

困难 → 战胜一次 → 再遇到
　　　　信心、经验　　不怕、有信心
　　　　　↑
　　　　免疫力

困难对孩子的能力发展而言,就像是疫苗一样,可以让孩子通过练习有机会积累经验。当孩子遇到困难又跨越了困难时,就积累了经验；下次碰到困难又跨越了困难时，又积累了经验。孩子多次跨越困难，他就会有信心。他再碰到困难时，就不会害怕，知道自己的经验能够帮助他战胜困难。

所以信心从哪儿来？信心不是父母安慰出来的，而是孩子碰到困难时，一次次战胜困难而获得的。虽然在过程中他觉得很难，甚至觉得自己过不了这个坎儿，可是当他努力、找到办法战胜困难时，再碰到困难孩子就知道，只要找对办法就能跨越过去，他才会一次次地产生信心。

小结

要想让孩子勇敢地面对糟糕的成绩，并且从中获得成长，我们要做到以下三点。

第一，分数重要，但是卷子更重要，所以我们要帮助孩子树立基于过程的输赢观。把我们的目光从成绩拉回到学习过程，带着孩子一起看卷子：考得好时，把成功的因素抽取出来复制到未来的学习中；考得不好时，通过卷子找准问题，在学习过程和考试能力上分别着眼，找到学习的发力点。

第二，波谷很重要，能够积蓄力量，能够培养孩子的心理韧性。当孩子有负面情绪时，不应急于安慰或鼓励，而应慢下来理解孩子的心理需求，找到合适的方法满足他的心理需求，让孩子在走出波谷的过程中获得成长。

第三，我们的身体有免疫机制，我们的心理也有免疫机制。当孩子碰到困难而又战胜困难之后，他就会获得心理免疫力，他就会更强大。

课后操作手册

练习一：对旧有的无效反应模式喊"停"

当孩子考得不好时，他们糟糕的成绩和消极的情绪对家长而言都是一种挫折，会激发我们原始的、本能的、自动化的反应模式。有的家长会将自己的挫折情绪引到孩子身上，指责孩子；有的家长会无意识地想要消除孩子的消极情绪，过快安慰孩子或给孩子提建议；有的家长会对孩子失望无助，想要放弃……无论哪一种模式，如果对于孩子的成长是无效的，甚至会引发孩子的负面认知和负面情绪，我们都要有觉察地、主动地对这种模式喊"停"。在教育中，重复无效的、错误的模式只能得到无效的、错误的结果；如果我们想要得到新的结果，就要放弃旧模式，建立一套新模式。

第一步：观察记录自己面对孩子糟糕的成绩时的反应模式

当孩子拿到糟糕的成绩时，我们的反应是怎样的？我们内心的想法是怎样的？我们的反应激发了孩子什么样的反应？对我们的反应模式进行观察，并对以下四项信息进行记录。

孩子的成绩：_____

我的反应：_____

我内在的想法：_____

孩子的反应：_____

比如当孩子英语单词小考没考好时，做出如下记录。

- 孩子的成绩：孩子英语单词小考，50个单词错了18个。
- 我的反应：生气、指责孩子"50个单词你错了18个，你怎么复习的？跟你说要自己写几遍，把写错的单词查出来后反复写，你怎么就是不听？"
- 我内在的想法：跟他讲了背单词的方法，他就是不听不练，考得这么差。
- 孩子的反应：生气、找理由"作业那么多，我有空反复写吗？昨天多少项作业？我写完作业就已经是晚上9点多了。错20个以内的都合格，我们班有一半同学不合格呢。"

可以看到，父母用这种生气、指责的反应模式对待孩子糟糕的成绩，本来是期望帮助孩子了解自己学习过程中存在的问题并掌握正确的记忆方法，但是在结果上，这个模式对于孩子的改变没有任何积极作用，反而让孩子逃避错误，为自己找理由。一方面，家长的这种指向结果的批评会将输赢观以内隐的形式传递给孩子，孩子无意识地习得了"错误是坏东西，是让人讨厌的，我不喜欢错误"的观念，这会让孩子抵触错误，看见出错就觉得心烦。另一方面，家长认为没考好是孩子的错而指责孩子，家长的指责让孩子也觉得是自己犯了错，这会激发孩子内在痛苦的情绪，为了逃避这种犯错的感觉和痛苦情绪，孩子会给自己找各种理由来逃避指责。

觉察是改变的开始！有了觉察，才可能对旧的反应模式喊"停"，才能够有意识地建立新的反应模式。下面列了几种典型的无效反应模式，父母在自我观察时可以参考。

父母面对孩子糟糕的成绩时的反应模式、内在想法及带来的问题

反应模式	内在想法	带来的问题
指责	认为是孩子的错，是孩子不够努力、不够用心	要求孩子"努力""用心"，当孩子没有办法做到时，会感到委屈、内疚、厌烦、逃避
惩罚	认为是孩子的错，认为孩子有意对抗，认为如果孩子改变就能取得好成绩	容易激发孩子的愤怒情绪，会让孩子觉得不被理解而选择对抗
过快安慰	不想让孩子因为不好的成绩而难受	家长过快帮助化解负面情绪，反而让孩子对负面情绪没法处理，而害怕再次遇到类似情况
失望、沮丧	有无力感，对孩子没有信心，觉得孩子不能改变	孩子也会有无力感，形成消极和悲观的人格
过快建议	忽视孩子的情感，想立刻改变	孩子的情绪堵在那儿，他的大脑认知资源不足、不灵活，他听不进建议，而激起亲子矛盾
不重视	觉得成绩好坏无所谓	孩子也会觉得考得好坏无所谓，孩子会轻视考试，进而轻视学习

第二步：对无效的反应模式喊"停"

家长看到原有的模式无效，并且对孩子的发展不利时，要主动停止无效的反应模式。我们对自己说两句话：一是"我发现自己正

在用原来的模式，原来的模式没有用，我要把这个模式停下来"；二是"为了孩子更好地发展，我愿意把原来的模式停下来，理解孩子的情绪和想法，和他一起找办法"。

比如，当看到孩子成绩糟糕想要指责孩子时，我们可以对自己说：

- <u>"我发现自己现在很生气，忍不住想要指责他，但我知道指责他是没有用的，我要把这个指责停下来。"</u>
- <u>"为了孩子更好地发展，我把指责停下来，我先理解孩子的情绪和想法，再跟孩子一起找办法。"</u>

觉察无效反应模式并主动喊"停"，是教育模式优化的前提。家长先觉察自己的反应模式，识别出自己常用哪种无效模式，先针对常用模式把这样的两句话想好，等到碰到相应情境时则对自己说这两句话，就能更熟练地对无效的反应模式主动喊"停"。

练习二：用"情绪三明治"帮助孩子面对糟糕的成绩

面对糟糕的成绩时，孩子也会有负面情绪，比如失望、沮丧、愤怒。每一种负面情绪背后一定有一个"想要做好"的力量，但是当负面情绪卡在这儿时,那个想要做好的力量就很难升腾上来,这时父母给孩子多少好建议,他也很难听进去。这时可以使用 NLP(神经语言程序学)导师张国维提出的"情绪三明治法"进行处理。先谈情,接纳和平复孩子的情绪;再说爱,肯定孩子想要考好的愿望和前期的努力及收获;最后讲理,和孩子一起商量接下来可以采取的行为。

第一层:"先谈情",接纳和平复孩子的情绪

先观察孩子的情绪和行为,要倾听孩子说的话,看到孩子的表情、动作、呼吸节奏、身体姿态,感受到孩子的情绪;然后用前文介绍的"镜像同频法",像照镜子一样,用跟孩子相似的表情、动作、呼吸节奏、身体姿态、语调说出与孩子情绪同频的话。具身认知理论认为,我们的生理体验会"激活"我们的心理感受,当我们在身体姿态上与孩子同频时,我们在心理感受和情绪体验上也更容易与孩子同频。而当我们用同频的身体姿态、心理感受和情绪体验与孩子对话时,我们更容易理解孩子的感受、安抚孩子的情绪。

比如孩子单词小考,50 个单词错了 18 个,老师让孩子每个错词写 10 遍,孩子对老师的做法很生气,对自己错了这么多而无奈。当孩子跟我们唠叨时,无论他说什么,我们都用镜像同频的语言和身体姿态与他同频,倾听他的唠叨,直到他唠叨完了,情绪得到安抚并恢复平静后再进入下一步工作。

在语言、身体姿态及情绪上与孩子同频

孩子说的话
错1个罚10遍,写那么多遍有什么用?老师疯了吗?

我们说的话
啊,错1个写10遍呀!那18个要写180遍,天!也太多了吧!

孩子的身体姿态
眉头紧蹙,眼睛瞪视,说话用力(生气)手用力比画1与10的对比,语调上扬(质疑、生气),叹气(无奈)

我们的身体姿态
眉毛上扬,眉头紧蹙,说话用力,手用力比画1与10的对比,语调上扬(难以置信的表情与孩子的质疑同频),叹气(无奈、对孩子境遇的同情)

孩子的情绪
生气、无奈

我们的情绪
感同身受地理解他的生气和无奈

小贴士　什么是同频的回应

同频的回应是指家长感受和理解孩子的情绪、想法和心理需求。在这个过程中不要过多附着我们的情绪、价值判断或教育期待。

如果孩子说:"错1个罚10遍,写那么多遍有什么用?老师疯了吗?"孩子之所以生气,是因为他对老师的做法难以理解。我们要回应他的这种情绪、感受和想法,"你们老师太气人了""罚得太狠了""错1个罚10遍真是太多了",然后理解他的心理需求:"你希望老师让每个人按照自己的能力背,不管写几遍能背下来就行,而不是这种'硬罚'?"这个过程中,孩子说老师让人生气时,我们回应他"老师太气人";孩子说老师罚得太多时,我们回应他"罚得太狠了",这些是对孩子的回应。在这个回应过程中,不要附着我们的价值判断去指责老师"你们老师太过分了""你们老师不懂教育""错1罚10

的方法不科学"。

如果孩子说"一天背50个单词，根本背不下来，而且还有那么多作业，没有时间反复背"，孩子的意思是时间不充足，在那么短的时间没法背那么多单词。那我们要回应他"时间不够，一个晚上抽不出那么多时间背""没有办法背得很充分是吧"。我们还要理解他的心理需求："你是希望时间充分些，能背到位，对吧？"但不要附着自己的价值判断——"这种内卷的教育没有意义"，或自己的教育期待——"写作业就是这样一个现状，你得积极面对，主动提高效率"。

第二层："再说爱"，肯定孩子想要考好的愿望和前期的努力及收获

当孩子把生气和抱怨都说完，他的情绪逐渐平复下来时，我们要肯定他想要考好的愿望，看到他心里想要做好的力量，肯定他前期所付出的努力。每个情绪背后一定有一个未被满足的需求，所以家长要问："孩子，你希望得到什么而没有得到，让你有了这种负面情绪。"问孩子"希望得到什么"也就是在与孩子一起明确他的需求。再用"我看到""我注意到""我观察到"将孩子前期针对这种需求所做的微小努力及收获指出来，增加孩子的心理力量。

比如孩子因为老师罚写而生气时：

家长："你希望老师怎么做而他没有那样做，让你很生气？"

孩子："我觉得老师不能强硬地要求每个错词写10遍，我写5遍，记住了，就写5遍；写5遍，记不住，就写10遍，应该根据自己的情况来决定。"
- 家长澄清需求："你希望老师能让你们按自己的节奏复习，把这些错误的单词复习到位？"
- 家长肯定前期努力："我发现你确实有些单词很快记了下来，有些记得慢的你会反复写几遍，这样的方法确实有针对性。"

比如孩子因为复习不到位，错误太多而无助时：

　　家长："你看到这样的正确率有点不太高兴？你希望怎么背、背到一个什么程度呢？"

　　孩子："一个晚上那么多作业，根本没有时间背。至少要给我们时间，背得差不多了再考，这么直接留作业就考，谁能背得好？"

- 家长澄清需求："你是希望能够有充分的时间来背？如果时间充分一些能背得熟点，对准确率有把握，是吧？"
- 家长肯定前期努力："我看到你上次单词小考就是把错的单词反复背，背了几次，效果很好。"或者："昨天50个单词对了32个，这些单词你掌握了，昨天半个多小时的效率也算是很高了。"

先看到孩子想要做好的需求和愿望，再看到他之前采取的行为确实起到了一定的效果，孩子的力量感就会升腾，这时他会去分析"上次的行为确实有些效果，但在哪里还存在一些问题，我之后可以怎么做"。

第三层:"最后讲理",和孩子一起商量接下来可以采取的行为

处理好了情绪,理解了情绪背后的需求和期望,我们就可以和孩子一起讨论现在面临什么样的困境,再商量"在当前的情况下,你准备采取什么行动来满足自己的需求和期望"。

比如孩子希望自己掌握节奏来复习错词,但我们知道当前的困境是"老师对孩子有要求,孩子需要在满足老师要求的同时满足自己的需求"。我们就可以问问孩子:"老师对你们错1罚10,罚得那么狠,就是怕你们记不住。你准备怎么把它们记住?可以怎么告诉老师你记住了。"当孩子对老师不生气了,他也明白自己的需求是按自己的节奏记住单词,他就能够找到办法:"我先把错的背3遍,然后默写,把再错的背3遍,再默写。等背下来了,我把这张背诵的纸给老师,估计老师会同意。他就是希望我们背下来。"

比如孩子希望背单词时能有充分的时间,但我们知道当前的困境是"作业就是那么多,老师就是突然会安排这种时间紧的任务",我们可以问问孩子:"老师留背单词任务有时给的时间长,比如几天时间,但有时给的时间太短,当天留,第二天就考。关键是当天不但要背单词,其他课程还有作业,这确实很难,怎么能保证有时间背充分呀?"当孩子对单词正确率低有些懊恼无助,也理解自己懊恼无助是希望自己能够有时间背充分时,他就可能想出办法:"以后我不等老师要求了再背,学一课就先背一课。""这种紧急的情况,能背多少背多少,第二天再把没背下来的背下来。"

第七章
有效鼓励→夸对了,孩子学习更省心

有个妈妈讲她家孩子期中考试前很努力,考试成绩一下从班上的 25 名上升到 15 名,妈妈很开心地夸孩子:"儿子,你真的很聪明,只要你努力,成绩就能上来。咱们继续好好努力,期末考试成绩还能再往前走走。"孩子听了妈妈的夸奖很开心,说:"好,我一定好好努力,下次我希望能够考进前十名。"但是激动过后,孩子在学习中并没有表现得更努力,甚至在期末考试前也不肯复习。妈妈很困惑,为什么都说"好孩子是夸出来的",但她的孩子怎么夸、怎么鼓励都不行,好行为只是昙花一现呢?

心理机制:为什么越夸奖,孩子越不能坚持好行为

为什么妈妈的夸奖没有让孩子把好行为坚持下去?因为妈妈对于孩子考前努力的夸奖太抽象了。孩子其实并不明白什么是

努力，不明白自己到底做了什么样的努力行为，这些努力行为带来了什么样的结果。如果妈妈讲不清，孩子也看不清，孩子就没有办法把这次"努力的行为模式"抽取出来，复制并运用到未来。这样，孩子只是用一个笼统的目标——"如果我好好努力，成绩便会提升"——去指导后面的学习，这是没有用的。孩子不知道从哪儿努力，这会使他一直注意到"单词好难背，我真的坚持不了""我怎么又走神了？""我还是不够努力，我没有办法努力"。这些学习中的困顿会让孩子对自己学习过程中的努力没有把握，对即将到来的考试感到焦虑和退缩。所以，抽象地夸奖孩子努力，对于促进孩子的努力行为和培养孩子的信心是无效的。

心理学家塞利格曼认为自尊有两个成分，一是感觉满意，二是表现满意。感觉满意指向积极愉悦的感觉，觉得"自己很棒"、很"独一无二"，即指向自信的感受；表现满意指对自己做事情的能力和行为表现感到满意，觉得自己"有能力，能把事情做好"，即指向与自信相关的行为。如果家长过于追求感觉满意，希望通过愉快积极的赞扬让孩子获得感觉满意，而不是帮助孩子分析清楚他所做的积极行为和行为背后的能力，就不能帮助孩子形成对自己能力和表现的认知。感觉满意当然很重要，追求自信的感觉没有问题，但要重视一个先后关系：要先形成对能力和行为表现的认知，对自己的能力和表现有了信心，再去追求感受上的自信。也就是说，要表现满意在前，感觉满意在后，这样才能建立真正的自信。

就像亚里士多德所言，"快乐不是一种可以与我们所作所为分开的感觉，快乐就好像舞蹈中优美的动作，不是舞者在跳完舞后的感觉,而是将舞跳得很好时的一种不可剥夺的成就感"。我们要做的不是鼓励孩子"你很棒",让他获得感觉满意,而是鼓励、引导他们看到自己行为表现和能力的进步,让他们获得表现满意。

聚焦具体行为:不要空洞地夸孩子"真棒"

在陪伴孩子的过程中,我们常常会不假思索地说一些空洞无效的夸奖之语,如"真聪明""真棒""跑得真快""好专心"。这些夸奖常常是自动化、无意识的,要想改变这种行为其实很困难,需要我们不断进行有意识的觉察和练习。

空洞的夸奖会让孩子在困难的事情上退缩

这些夸奖有一个共同特点,它们都直接指向结果或品质,而不是指向行为的过程。当我们指向结果或品质对孩子进行评价时,结果和品质是有好坏、优劣之分的,不是好就是坏,不是优秀就是低劣。孩子会向往好的结果,害怕坏的结果;向往优秀的品质,害怕低劣的品质。这会为孩子对困境的逃避埋下伏笔,有的孩子面对困难不敢上,碰到难事就逃跑;还有些孩子不想让别人看到自己退缩,会选择用"我不想做,我不在乎"的态度来隐藏害怕和退缩。

田老师知识卡

指向结果或品质的夸奖

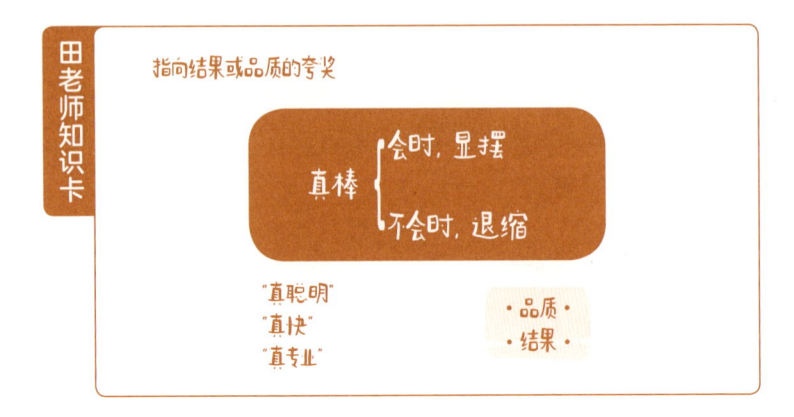

真棒 ┫ 会时，显摆
　　　┃ 不会时，退缩

"真聪明"
"真快"
"真专业"

• 品质 •
• 结果 •

　　有一个男孩的妈妈跟我讲，她儿子以前特别喜欢跟别人比赛跑步，他每次总是跑得最快，一起玩的几个小朋友都没他跑得快。有一天，他跟一个新认识的小朋友赛跑，那个小朋友比他跑得快，跑到中间时他落后了好几米。这时，他做了一件事，他假装鞋带松了，停下来系鞋带。过了一会儿，那个小朋友又要跟他比赛跑步时，他就说"我不想跑了，我不想比赛，没意思"。他妈妈很纳闷为什么这个孩子碰到比他强的人就不想比了。这时我就问这位妈妈："之前孩子跑得快时，你是怎么夸他的？"妈妈说"我就夸他，'你跑得真快，又是第一名'"。我说"这就对了，孩子之所以退缩，就是因为你在夸奖他时用错了语言。在你夸他跑得快的时候，就给他后面的退缩行为埋下了伏笔，他越是因为跑第一扬扬得意，就越担心自己不能跑第一"。

　　这个妈妈很委屈，她说自己不但在儿子跑得快时夸奖他，在他没跑过别人时也会鼓励他"输赢没关系，体育精神，跑得开心最重要"。听起来是对的，但存在两个问题：一是无论在孩子跑赢时夸奖，还是在孩子跑输时鼓励，都是指向结果的，过于指向结果的输赢观会让孩子喜欢赢、害怕输；二是她在孩子赢时的表情肯定不一样，赢的时候，她说"跑得真快，又是第一名"，一定是眉飞色舞，眼睛中闪烁着光芒，这种光芒对孩子而言是最大的鼓舞；但等孩子输的时候，她说"体育精神，跑得开心最重要"是勉强振作的，眼睛中没有那种光芒。孩子会感受到什么？"我喜欢跑赢，我喜欢看到妈妈眼中的光芒"，这个孩子一定怕输，逃避跟输有关的任何事。

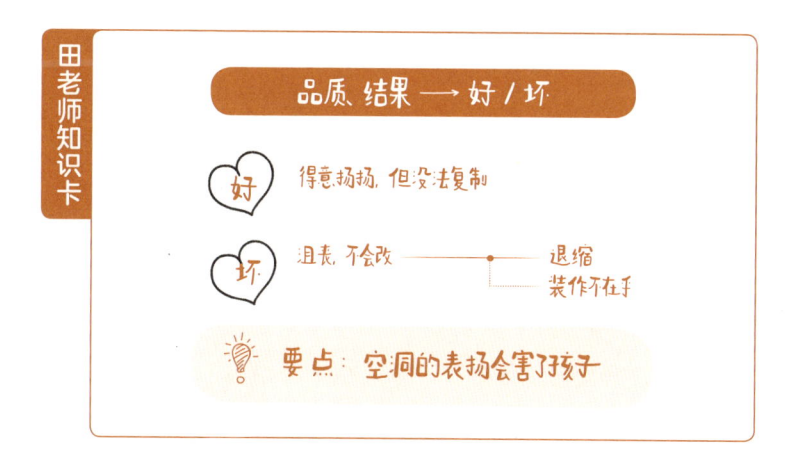

> **田老师知识卡**
>
> 品质、结果 → 好 / 坏
>
> 好 ♡ 得意扬扬，但没法复制
>
> 坏 ♡ 沮丧，不会改 —— 退缩 / 装作不在乎
>
> 💡 要点：空洞的表扬会害了孩子

空洞的夸奖没有用，而且对年级越高的孩子越没用。实际上，我在讲课时经常跟家长说"孩子年级越高越夸不得，不走心的夸奖会让孩子抵触"。比如，当孩子学习状态不太好的时候，有些家长为了激发孩子的学习状态，故意夸他"我儿子越来越会学习了"，高年级的孩子一下就明白，其实你不是真的觉得他学

得好，只是在用夸奖控制他、催促他，他会抵触这样的夸奖。所以，千万不要抽象、空洞地夸奖孩子。我们没有具体事实作为依据就直接夸奖孩子，是达不到促进孩子成长的目的的。

聚焦具体行为的鼓励，才能让行为得以强化并保持

那么怎么说才有用？如果想说孩子的品质很棒，我们就必须找到跟这个品质相关的具体行为去支持它，将行为与品质建立联系。

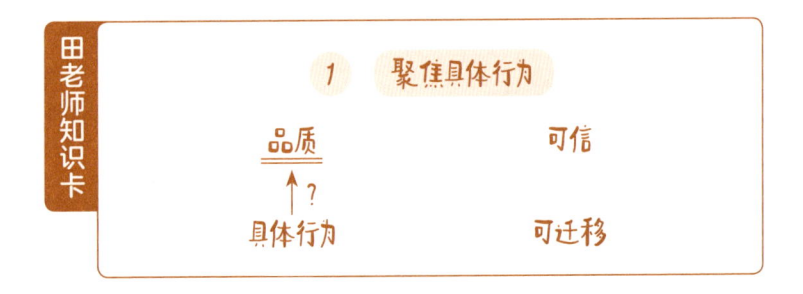

> **田老师知识卡**
>
> 1　聚焦具体行为
>
> 品质　　　　　可信
> ↑?
> 具体行为　　　可迁移

比如，我们想说最近孩子学习越来越用心了，我们需要去找他生活中、学习中是怎么用心的，他做了什么能看到他的用心，这个用心的行为有什么结果。比如今天孩子看到一个单词 cinema，孩子一看到这个单词就说"妈，这个单词不难背。你看 cinema，一个辅音一个元音，一个辅音一个元音，一个辅音一个元音，多好背啊。我读三遍，就会背了"。妈妈一看"啊，真的一个辅音一个元音，你找到规律了"。等到第二天，孩子又背了一个单词 potato，他看到这个单词就说"我这次看一遍就会背了，妈妈你现在看我默写"。结果他真的写对了，这时妈妈就要很好奇地问："你怎么做到的？"孩子会说："妈妈，跟昨天那个 cinema 一个模式，potato 也是一个辅音一个元音，一个辅音一个元音，一个辅音一个元音。"这个时候妈妈要说什么才是有效鼓励？妈妈不能说"儿子你好有心呀"，这不够。妈妈要说的是具体行为，然后将具体的行为与品质联系起来，可以说"儿子，真的啊。这两个单词是一样的规律，被你找到了，你可真有心"。有了具体行为的支撑，这时候家长再夸他"有心"，孩子就会相信。最重要的是，这个好行为今天被看到，它就可以迁移到下一个场景中。昨天学了 cinema，今天学了 potato，明天他再碰到有元音、辅音交替的单词便可轻松掌握。孩子会点亮眼睛，他会用眼睛去看，其他单词有什么相关规律，他就会越来越有心地找那个规律。有了具体行为的支持，这个"有心"的品质才会稳定下来。

田老师知识卡

具体行为 → 品质 → 未来
复制模式

整理错题　　　→　有心
举一反三　　　→　聪明
开跑前专注听令 → 真快
走神拉回来　　→　真专心

当我们能够聚焦具体行为去鼓励孩子的时候，孩子才会信；有了具体行为的支撑，这个品质才能够迁移到下一个类似的情境中，这样的鼓励才有用。因此，要想让鼓励有效果，最重要的就是聚焦具体行为，再从这个具体行为上升到品质。

用三个句式，把关注点从结果引向具体行为过程

鼓励孩子时，我们可以用以下三个句式："我看到……""我注意到……""我发现……"，将孩子的关注点和我们的关注点从行为的结果引向行为的过程。

> **田老师知识卡**
>
> **鼓励孩子要使用**
> - 我看到……
> - 我注意到……
> - 我发现……

想夸孩子聪明，怎么夸？我们得看看有哪些行为能够支持这个品质，把这个行为指出来后，再把行为和行为品质建立联系。如果今天我们看到孩子主动把错题整理出来了，怎么夸？我们可以说"哇，孩子，我看到你在那儿整理错题，你越来越用心了，好聪明呀"。孩子会明白整理错题是用心的表现，以后还会整理错题。如果我们看到孩子以前做过一道题，第二天遇到相关的题时，他说："妈妈，它跟昨天的那道题一样，对吗？"这时我们可以说："哦，我发现你今天就用上了昨天学的知识呀！孩子，你知道吗？你这是举一反三，你好聪明啊。"孩子信了，而且他

懂了,"今天我知道这种题怎么做,下次我就可以把这个方法用到类似的题上。我不但会做题,我还会找题目的共同模式,我确实是聪明的。"

想夸孩子跑得快,怎么夸?我们在夸他跑得快之前也要观察,"孩子做了什么行为,让他跑得快"。比如看到孩子在起跑前十分专注。几个小孩准备赛跑,别的小孩一直问:"啥时候开始?"只有他全神贯注,一喊"开始",他一下子蹿出去了。之后,我们怎么夸?不能简单地说"哇,真快,又是第一名",而应说"哇,孩子,我注意到你开跑前专注听口令,一喊'开始'你就蹿出去了,比别人起步就快了三步",孩子会明白什么?"哦,专注听令的行为有用,能够让我起跑更快,下次我起跑时还要这么干",孩子就学会了起跑专注听令这个行为。

我们可以主动把"我看到……""我注意到……""我发现……"这三个句式用于日常夸奖。我们对孩子说:"孩子,我看到你会寻找单词之间的规律了,你好用心!""我注意到你在学习之前把用品都整理好了,学习的时候就能更专心!""我发现你开跑之前专心听口令,果然跑得很快!"这时候孩子明白妈妈不是在空洞地夸自己,而是"我自己的行为被妈妈发现了"。我们用这样的言语告诉孩子"我看到你的行为,注意到你的行为,发现你的行为"。我们实际是在"聚焦",聚焦孩子的好行为,看到好行为带来的结果,看到好行为背后的品质。

在鼓励孩子时,我们要经常用这三个句式。当我们习惯用这些句式后,我们就真的会去看、去注意、去发现。当我们聚焦具体行为,并将具体行为与行为的好处及行为背后的品质建立联系时，我们就能夸得准，夸得有效果，我们的鼓励才会有意义。

强化内在好处：激发孩子内在动机

用内在好处激发内在动机

强化是什么？行为主义理论认为：一个行为有好处，这个行为发生的概率会增加，这就是强化；一个行为有坏处，这个行为发生的概率会减少，这就是惩罚。根据强化理论，要想让好行为稳定保持，就需要让孩子的行为有好处，而不能让孩子的行为得到坏的结果。

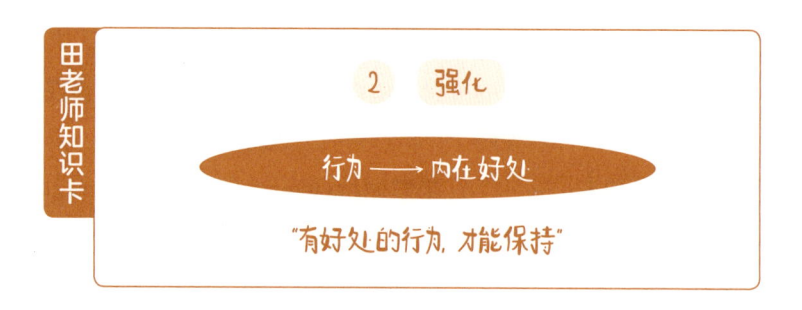

> **田老师知识卡**
>
> 2　强化
>
> 行为 —— 内在好处
>
> "有好处的行为，才能保持"

我们如何让孩子看到行为的好处？孩子每做一个好行为我们就夸他？比如孩子今天的题做得好，我们立刻夸奖他："孩子你好专心！你很棒！你又做对了！"这样不行，这些是外在夸奖，这种夸奖对于孩子内在动机的提升是没有用的。如果孩子从小每次做了一件事，我们就立即夸奖，他会依赖这种及时夸奖的反馈模式。这使孩子在专心学习前会想"我妈妈在哪儿？我妈妈不在，我专心学习她也看不到，等我妈妈回来的时候我再专心学吧"。或者如果有一段时间妈妈比较忙，没有关注他的学习状态，没能及时夸奖他，他会沮丧地觉得"我这么专心学习，妈妈也看不到。专心学习有什么意义？不值得"。这样孩子就不是为自己学，而是为妈妈学，为了得到妈妈的夸奖、看到妈妈欢喜的目光而学。

这种及时夸奖的反馈模式会带来另一种潜在风险：孩子对不确性的忍耐程度降低，即模糊容忍度降低。他会渴望得到即时反馈，忍受不了可能得到好结果也可能得到坏结果的不确定性，忍受不了一段时间内得不到好结果的煎熬。比如他最近因为一些事情影响了专注状态，有些事情在脑海里挥之不去，坏的情绪状态让他心不在焉。这种情况下，他需要一段时间来缓慢地、主动地调整自己的状态，逐渐进入专心状态。但是，一个习惯了及时夸奖反馈模式的孩子会难以忍受这个调整过程中的煎熬，他希望自己"立刻、马上"做出洗心革面的改变，希望自己在"下一周""明天"或其他某个心里的时间标记点，比如"下一个整点时间"，能够全然回到原来那种专注水平。他会等待那个时间的到来，可是等到那个时间来临时，他还是不能回到原来的专注状态，还是有点"不够专注，总想其他的事，心不在焉"，他会对自己失望，但又没有力量一点点地改变。

著名心理学家德西将学习的好处分为两类。一是学习行为本身带来的好处，包括完成任务的愉悦感、获得能力的掌控感、掌握知识的成就感、做出调整和改变的征服感、自己决定学习进度的自主感等,这些感觉会增加学习的内在动机。二是学习行为带来的外在好处,比如可以换得游戏时间,得到奖励,得到表扬,得到老师、家长的认可,得到好名次,这些会带来学习的外在动机。研究发现,内在动机对于孩子完成一件任务的促进作用要远高于外在动机;如果给予过多的外在奖励,会削弱孩子的内在动机。因此,在孩子学习时,我们不要随便夸奖他,或给他外在奖励,那样会削弱学习的内在动机。我们一定要看到他的行为本身带来的好处,让孩子也看到这个好处。当孩子看到这个行为的内在好处时,这个行为就是他自己的事了,他才会愿意坚持下去。

在夸奖孩子的品质时要看到孩子的具体行为,再将具体行为和品质建立联系。我们还可以在行为和品质之间加一个中间环节:行为的好处。从而形成鼓励的三段论模式:"行为—行为好处—品质",即看到孩子的具体行为及这个行为带来的好处,再上升到品质。

比如我们夸奖孩子"妈妈看到你在整理笔记,你好用心",这样说还不够,因为对孩子来说,整理笔记这个行为的好处不应该是得到妈妈的赞扬和肯定。我们在夸奖之前就要问:"整理笔记的好处是什么?"当这样去问时我们会发现,当孩子把笔记全整理好,孩子就对知识框架有了整体的理解,建立了自己的知识结构,对知识心里有数。我们就可以用鼓励的三段论模式夸奖他:"妈妈看到你在整理笔记,你把笔记用你自己的思路整理清楚,对每个知识点你都心里有数了。孩子,你可真用心。"这样从行为到结果,再到品质,孩子体会到行为的好处及行为背后的品质,他下次就不会为了得到妈妈的夸奖而整理笔记,而是为了理清知识点、搞定知识点而学习。

我们夸奖孩子"会举一反三，真聪明"也不够，我们还要问"举一反三的好处是什么"。之后，我们观察孩子的行为就明白了，对他而言，举一反三就是学一个会三个，"学明白了这几道题，类似的题你全会，这是举一反三，这样你当然能够学得快、用得好"。这就是内在好处，孩子下次为了学得又快又好，他就会在做题时努力琢磨内在规律。举一反三的行为就坚持下来了。

我们夸奖孩子"我看到你开跑前专注听口令"，这个夸奖同样要让孩子看到内在好处，孩子不应该是为了"妈妈夸我专注听口令"而专注地听口令，内在好处是什么？"我看到你开跑前专注听口令，果然，'跑'这个字刚一出口，你一下子就蹿出去了，你在起跑的时候就比别人快了三步"。这样孩子就懂了"起跑我就占优势，我当然跑得快了""专注听口令这个行为好，下次我跟别人赛跑之前还得专心听口令"。孩子的这个行为就保持下来了。

激发内在动机说起来容易，但做起来难。很多人听了这个以后，就慌了，突然不知道该怎么陪学了。比如有一位家长跟我讲，她的孩子跟她说"妈妈，我好好学习，如果考试能进前五名，你就给我买一辆山地车"。以前她会很痛快地答应，可听完我的课以后，突然发现"啊，不行，奖励礼物是外在动机，如果孩子为了礼物而学，那是没法学好的"。这位家长十分痛苦，问我到底能不能奖励。我说："孩子主动提出要好好学习，你当然要奖励他。但重点不是奖励或不奖励，你一定要把这个外在的奖励往内带，带到孩子学习的内在动机部分。你要说'好啊，你考进前五名，妈妈一定给你买！考进前五名不容易，我们来看看你得在学习方法、学习行为上做哪些调整，成绩才能有所提升；还要看看在时间管理上，你要怎么设定目标，监督自己执行'。你看，这就把外在的考进前五名得到礼物的目标，向内变为用哪些方法、哪些努力能够学得更好的内在动机。经过一个学期的努力，孩子会养成好的学习习惯，期末成绩也会更好。孩子一定会为自己的成长自豪。这就够了。到那时，不要说礼物，对他来讲连成绩本身都已经不那么重要了。"

田老师知识卡

整理笔记 ——→ 对知识点心里有数
举一反三 ——→ 学得快，用得好
开跑前专注听口令 ——→ 起跑占优势
走神拉回来 ——→ 能管控注意力

内在好处 是行为本身的好处

内在好处就是这个行为本身的好处，为了这个好处孩子愿意坚持下去。坚持不是为了别人，不是为了得到妈妈的表扬，也不是为了得到肯定的目光，而是这样的行为能够让自己把事情做得更好。所以，我们在鼓励孩子时要看到孩子行为的内在好处，让孩子看到这个内在好处，这个行为就能够很好地保持下去并形成习惯。

行为有好有坏时，如何让好的行为得以强化

孩子的好行为有时不是那么明显，他的好行为和坏行为会交

织在一起。这时，我们怎么夸奖孩子的好行为？比如孩子学习时，正在走神，但他听到妈妈过来的声音，赶紧开始写。这时妈妈如果夸"孩子学习好专心"，孩子可能会窃喜，"看来我走神，妈妈也发现不了，只要我听到她的声音立刻学习，她就以为我做得不错"；他也可能有内疚感，觉得自己表里不一，"我刚才走神了，妈妈还夸我"，这样孩子下意识地会做出一些坏行为，来让妈妈看到自己其实没有那么好，这样他的内心会更轻松。

这时我们要怎么说？我们要看到一个全面、真实的孩子，既看到他走神的行为，也看到他重新聚焦注意力的能力。我们要先对孩子说"孩子，妈妈看到刚才你走神了"，孩子说"是呀"，我们接着说"刚才你走神了，可你一听到妈妈的声音，立刻把注意力拉回来开始专心地写了，我的声音竟然引起你注意，让你主动把注意力拉回来了。哇，孩子，你这么小就能够把自己的注意力拉回来，真厉害，你开始学习管理注意力了。可能今天是妈妈的声音让你把注意力拉回来，下次你就能自己把注意力拉回来了，慢慢地你就能自己管理注意力了"。这样孩子会明白，走神时把自己的注意力拉回来，不是因为怕妈妈骂自己，也不是装作专注来让妈妈夸自己，而是因为自己能够管理注意力。

我们在看到孩子行为时要多思考一下，孩子的学习状态从来不是非黑即白、非好即坏的二元对立状态，它总是一个有好有坏、既想学又怕学、既能努力又不够努力的矛盾状态。所以，我们鼓励孩子时不要把鼓励的话说得太满，或者太积极正向，而是要同时看到好的部分与坏的部分，看到好与坏的矛盾。丹尼尔·西格尔在他的《由内而外的教养》一书中讲过一个故事。一个叫萨拉的四岁半女孩,她非常谨慎,尝试新事物时缺乏胆量。幼儿园的操场上有棵之前倒下的大树,在地上形成了一座三米长的"树桥"。孩子们都喜欢在上面走来走去,体验那种冒险的感觉。但是萨拉一直都不敢尝试,直到有一天"萨拉的自信冒了出来,就像春天的丁香花长出了花蕾",她走上树干,从一头走到另一头。等她下来时,老师走过去激动地表扬她:"萨拉,真好,你做得好极了,你是最棒的!"这位老师的表扬怎么样?会有效果吗?结果是"萨拉害羞地看着老师,没有再去尝试。接下来的几周,她都没有再去尝试"。

  为什么老师的表扬没有让萨拉有勇气再去尝试,因为老师的认知复杂性低,看到的情绪信息太少,她没有看到萨拉内心真实、矛盾的感受。萨拉平时谨慎,有些胆小,虽然这一次她鼓足勇气去尝试,但真的走上"树桥"后,她的内心一定会有些害怕甚至后悔。如果她完成任务时,老师不说她的害怕、后悔,只说她做得好、做得棒,她的那部分害怕和后悔的感受就得不到抚慰,就会更为明显,她会想"我不好,我在上面很害怕,我再也不想上去了"。所以在这种情况下,我们在鼓励这个女孩时,一定要增加认知复杂性,看到她的害怕,也看到她的勇气。可以先说她的害怕:"萨拉,我看到你从'树桥'上走过来了。刚才走在上面,你害怕吗?你紧张吗?是不是心怦怦地跳,腿也有一点抖?甚至有点后悔上去了?"先呼应她紧张的感受,她的感受已被我们看到,被我们重新提起,这种感受每被呼应一次,她就得到了一次抚慰。然后,再说她的勇敢:"可是你真的走过来了,虽然你很害怕,但是你成功走过来了,好棒呀!"萨拉听到了什么?"我很害怕，我吓得心怦怦跳，但我尝试、坚持走，并走过来了。在那么害怕的情况下，我挑战成功了，我真的有点棒。"说她勇敢不是她"完全不怕"，而是她"有点害怕，但害怕时也愿意略微地尝试挑战"，实际上这种勇敢才是真的勇敢。否则又会回到外在夸奖的老路上，孩子在做得好的事上得意扬扬，在做得不好的事情上逃避退缩，这不是真的勇敢。

孩子的行为总是有好有坏，是真实丰富的，我们需要提高我们的认知复杂性，看到真实的孩子和孩子真实的行为，看到孩子丰富的情感，给出真实的鼓励。

模仿卓越：如何正确地夸"别人家的孩子"

有时看到别人家的孩子有某个好行为时，我们会忍不住地羡慕和夸奖。可是我们一夸别人家的孩子，自己家的孩子就不开心，小孩子会噘嘴抗议，大孩子会酸溜溜地表现出不屑。如果问孩子们最烦的人是谁，答案一定是"别人家的孩子"。可问题是当别人家的孩子做得真的好时，我们怎么说才能够让自己家的孩子心甘情愿地学习到人家的优点呢？

家长首先要观察自己的"夸法"，如果我们夸别人家的孩子用的是抽象的、基于品质和结果的夸奖，如"你真棒""你真好""你真快"，自己孩子什么感受？"他棒，我不棒？""他好，我差？""他快，我不快？"孩子感觉自己被别人比得低了，他当然会嫉妒对方，不愿意跟对方学。所以，空洞、抽象地夸奖别人家的孩子只能催生自卑和嫉妒，无法让孩子模仿。

> **田老师知识卡**
>
> 3　别人家的孩子
>
> 真棒　》》》　嫉妒
>
> 具体行为　》》》　"偷学"
>
> ▼
>
> 好处　　　　　模仿卓越

怎么夸奖才有用？和夸奖自己孩子的方法一样，看到别人家的孩子做得好，就要把这个具体的行为及其带来的好处指出来。比如今天，孩子跟隔壁的亮亮赛跑，他没跑赢人家，这时怎么说？不能简单地说"没事儿，跑步嘛，体育精神，输赢不重要，开心就好"。这话没用，孩子既然跑了就想跑好，孩子根本不相信"输赢不重要"。我们要指出亮亮是怎么跑得好的，让孩子听明白，这样才能跟人家"偷艺"。我们可以像发现秘诀一样地说："呀，那个亮亮跑得真快。妈妈刚才看明白了他是怎么跑的，他的频率快，摆臂的节奏也很快，而且腿跟手臂配合得特别好。你跑了四步，他跑了五步！看来我们得偷偷练练这一点，你也试着把节奏加快，看看有没有效果。"孩子明白了什么？"哦，他那么做的呀。好，我要偷学。"

偷学是什么？就是盯准了对方的有效行为进行模仿，这个才是模仿卓越。这样孩子会加紧练，把摆臂的节奏变快，把腿的节奏变快，把手腿配合好。这些都做到时，他的跑步技术就提高了。看到偷学一招让自己跑得快了，孩子就知道这个有用。下次碰到亮亮，哪怕自己还是没有他跑得快，孩子也知道自己跟亮亮学了一招，自己的速度比原来提升了，他就不在乎比赛中的输赢了。

看到孩子班上有同学成绩好时，我们要怎么说？比如孩子这次语文分低，他同学语文分高，我们一定不能简单地说一句"看看人家 100 分，你跟他学学呀"。这么说只会降低孩子的自我价值或者让孩子嫉妒。我们要说："奇怪，我看佑佑平常都跟你一起玩儿，你们的成绩一直差不多，可是这次他的分数很高。妈妈很好奇他是怎么做到的。这样，明天我去问佑佑妈妈，看他是怎么做到的。你去学校观察一下，看他上课是怎么听讲的，然后咱们偷学一下。"这样，家长回头就去问，佑佑妈妈可能说："哦，我们家佑佑最近每周自己主动要求做一张卷子，把不会的题都标出来，让我给他讲阅读题，现在阅读长进特别快。"这样回来我们跟孩子讲就有内容了："妈妈知道了，佑佑让他妈妈给他买了一套卷子，不是你们学校发的。他说上面的阅读题特别难，他每次做阅读题遇到困难的时候，就跟他妈妈一块研究，把那些阅读题都做对了。这次考试有阅读题，就跟他平时做的题特别像，他当然拿分了。"孩子听到后就会说："妈妈，他们在哪儿买的？给我也买一套。"所以我们硬逼着孩子去学"你看你成绩不好，多做一套卷子"，他不干，可是看到别的孩子本来跟他水平差不多，做了这套卷子有效果，他就愿意去做卷子。

夸奖别人家的孩子做得好时，我们不要空泛地说"别人跑得快，别人分数高"，跑得快和分数高是结果，直接指向结果地夸奖别人家的孩子，会降低自家孩子的自我价值。我们要指出别人家的孩子做了什么让他跑得快、分数高，点明这个关键的具体行为，指出这个行为带来的好处，才能够让自己的孩子学习到。当学了这个行为之后他也会成长，也会提高，这才是模仿卓越。

📝 小结

如何进行有效鼓励？如何通过鼓励给孩子支持？要用好以下三个方法。

方法一：聚焦具体行为。"我看到……""我注意到……""我发现……"基于具体行为进行鼓励，让孩子看到这个行为对结果的影响，看到这个行为的好处，这个行为才能稳定下来形成习惯，并且复制到未来。

方法二：看到行为的内在好处。这个行为本身对孩子有什么好处，让孩子有了哪些变化，我们要把这个行为的特点和带来的内在好处指出来，并且让孩子看到。孩子只有看到这个行为的内在好处，才愿意把这个行为保持下去。

方法三：夸别人家的孩子时也要聚焦具体行为，看到行为的内在好处，看明白别人是如何做到的，孩子就愿意去"偷艺"、学习人家的优点。

课后操作手册

练习一：区分表扬和鼓励

对孩子的积极反馈分为表扬和鼓励，它们都可以让孩子感受良好，但是在内涵及效果上会有一些区别。

表扬是基于家长的观念和标准来对孩子的行为进行评价。在对人格的评价上欣赏孩子的品质："真聪明""真有耐心""真善良"；在行为评价上夸奖孩子的行为："你做得真是太棒了""好快呀""好专心呀"。这样的欣赏和夸奖会让孩子有积极的情感和自我评价，但这种评价的缺点是比较空洞，缺少行为作为支撑，很难让好品质、好行为持续下去。低年龄段的孩子容易对家长的表扬产生依赖，得不到表扬时就不学习；而高年龄段的孩子容易将家长的表扬视为家长的控制，并产生抵触情绪。所以表扬可以用，但不可以滥用、多用。

鼓励是基于孩子的行为和行为的结果进行评价。在对人格的评价上，透过行为看到行为中表现出来的品质："孩子，你在作文里用的'不必说……也不必说……单是……'这个句式特别有气势！哦，你是从鲁迅先生的文章里套用过来的呀？你这可是活学活用"，夸到这儿可以加上一句"你真聪明"。这样聪明这个品质才有了行为作为支撑,孩子下次就知道如何去做才能更聪明。其实家长不加这一句"你真聪明"也可以,孩子把一个个行为积累在一起,就会形成聪明的品质。在对行为的评价上,鼓励是直接把行为及结果进行联结,比如"你'不必说……也不必说……单是……'这个句式用得真是把人吊足了胃口,让我特别想看后面的内容",让孩子明白好句式用起来的结果是成功吸引人的注意力,孩子以后就会越来越多地运用不同的句式。所以,鼓励可以用,并且要以观察为基础进行使用。

任务1:下面有一些说法,请你判断哪些是鼓励,哪些是表扬。

(1)孩子,你好厉害,妈妈为你骄傲!

(2)孩子,你现在学习好专心呀,妈妈感觉你一下子长大了,知道自己努力了。

(3)考得这么好呀,我女儿真是太聪明了!走,请你吃大餐!

(4)你的字写得越来越好了,比妈妈写得都好!

(5)孩子,这些题你都做对了呀,正确率太高了,你可真是越来越厉害了!

(6)半小时就完成了一份大卷子呀,你的速度越来越快了。

(7)刚才小妹妹摔倒了,你赶紧过去安慰她,你可真是个善良的孩子。

(8)孩子,你说玩20分钟手机就玩20分钟,你真是信守承诺。

前面4句是表扬,这些评价都是关于孩子的品质和行为结果的,是从父母的角度、根据父母的标准对孩子进行评价。它们缺少相关的行为和事实作为支撑，也没有说明这些好品质和好结果是如何做到的。

- 第一句"你好厉害"，空洞，并没有说清孩子做了什么，是如何厉害的，是如何做才厉害的。
- 第二句"学习好专心""长大了""知道自己努力了"看似有很多内容，但是没有任何关于行为的信息，孩子听不懂自己是如何表现出专心、长大和努力的。这样夸起来孩子会开心，但也会心虚，在不够专心或能力不足的时候就会自我怀疑。
- 第三句"考得这么好""聪明"，把考得好这样的一个结果简单地归因于聪明，会让孩子在后面的学习中依赖聪明而不肯努力，甚至很多孩子认为聪明是一种光环，认为不努力又学得好才是真聪明。
- 第四句"字写得越来越好""比妈妈写得都好"会让孩子自豪，但不知道自己是如何做到的，下次只追求比别人好的结果，但凡哪次没有别人写得好，他就不想再比了。这也会使孩子盲目比较，或不敢努力写好，怕认真写了，还是没有别人写得好，没有得到这么大力度的夸奖。

后面 4 句介于表扬和鼓励之间，偏向于表扬。这些评价都是直接指出行为的结果或品质，但没有指出到底什么行为让孩子得到这些结果或拥有这些品质。这些评价可以用，但不可以多用，也不可以只做出这些评价。

- 第五句"题你都做对了""正确率太高""越来越厉害"其实表达的是同一个意思，就是孩子做题的正确率高。正确率高是一个结果，是因为孩子之前做了哪些行为让他取得这个结果的呢？是孩子做题时特别专注，注意力一直持续在题目上？是孩子之前做过充分练习，这几道题都练习过？还是孩子认真读题，每道题都用心琢磨？抑或孩子学会了验算，对每道题都进行了验算？如果没有说清是什么行为提升了正确率，孩子就没有办法把正确率保持下去。
- 第六句"半小时就完成了一份大卷子"是结果，一定要说清孩子做了哪些事使得这次做卷子速度快，才能够将这次的好行为稳定下来，下一次延续这样的行为。
- 第七句前面说的是孩子的行为，但后面接的"你可真是个善良的孩子"不是这个行为的结果，而是家长的评价。这使孩子下次再去关心他人时会看那个评价的人在不在，他没有体会到这个善良举动的实际结果是"安慰了小妹妹，小妹妹开心了，你帮助别人自己也觉得开心，是吗？"如果跳过行为的结果，直接夸奖孩子的"善良"，难以强化孩子出于帮助别人的本心去助人的动机。
- 第八句，玩20分钟手机，到时间就停，看似指向的是行为，但其实指向的是行为的结果，而没有指向行为的过程。我们还要关心孩子是怎么做到玩20分钟就停的，他出于什么目的，怎么约束自己的行为，对自己说了哪些话进行调整，或有什么好方法……我们只有了解行为的过程，才能够让行为持续下去。

看到对这 8 句话的分析，我们知道纯粹的表扬可以让孩子有积极的情绪，但不足以让孩子的积极行为模式保持下去。所以在陪孩子学习时我们可以用这些方法，但是不能只用这些方法。小学阶段，孩子的自我认知在很大程度上依赖他人的评价，所以家长在评价时一定不能只停留在表扬上，需要在观察和了解的基础上对孩子进行鼓励，让孩子看到行为以及行为的结果，这样才能有助于他们将好行为保持下去。

练习二：用鼓励将行为与行为的结果建立联系

第一步：观察收集具体的行为信息

在陪学过程中，我们要观察孩子到底做了什么值得我们鼓励的行为。孩子的好行为常常不那么明显，家长要耐心地观察那些细微的行为，了解行为的意义。

> 比如我们看到孩子在标完自然段序号后，觉得不放心，又重新看了一遍。这个行为看着很小，但它的意义重大，它就是检查行为的萌芽。我们就要看到这个行为及行为的好处。只有被我们看到，在后面跟孩子交流时，我们才能将这个行为及行为的好处讲给孩子听。

家长在观察时要主动放下内心的思维定式和过强的教育期待，真正以一个"观察者"的身份看到孩子真实、丰富的行为，尤其是看到微小的行为倾向。有一种心理现象叫作"无意视盲"，是指人们倾向于把自己的全部注意力集中到某些想要关注的事件或物体上，而忽略那些"不需要"关注的事件或物体。如果父母的思维定式或教育期待过强，我们可能只看到自己关注的方面，但对孩子其他方面的积极行为和新出现的微小行为倾向"视而不见"，觉得自己的孩子"没有一点点好行为，想夸他都没的夸"。

第二步：将行为及行为的好处讲给孩子听

观察到孩子做了什么及其好处之后，我们要将这个行为及好处讲给孩子听。根据行为主义的理论，行为有好处，这个行为就能够得以强化并持续下去。

比如，我们看到孩子标自然段的行为后，要对孩子说："我刚才注意到，你标完自然段，又查了一遍序号。这样标一遍、查一遍可真是万无一失。"孩子就明白，"标一遍、查一遍"这个行为的好处是"不会有遗漏、稳妥、万无一失、再也不会在自然段序号上丢分"。他下次标自然段时就会把"标一遍、查一遍"这个行为持续下去，直到他能够稳定地做好这个任务。

第三步：用三个词将关注点引向行为过程

用"我看到……""我注意到……""我发现……"将孩子的关注点和家长自身的关注点引向行为过程。它们不仅能让行为与结果建立联系，而且会提醒我们在鼓励孩子之前要用心观察孩子的细致行为，只有看见这些行为，它们才有机会被强化。

- "我看到你学习前会把笔、尺子和修正带一次性准备好，这样写作业时用起来很顺手，是吗？"
- "我注意到你写字时，每一行字都集中注意力，一口气写完，这样写出来的字看起来真的特别整齐，一行字写得大小、形态很相似。"
- "我发现你考试前每天回家放下书包就立刻学习，进入状态特别快，这样省出了很多时间来复习，果然考试成绩有所提升。"

当然有时也可以通过好奇地发问来和孩子自己的观察对应。

- "你最近学习时会看一下计时器，你在关注自己的时间和作业进展，是吗？"
- "我观察到你现在每完成一科作业都会把文具和材料略微整理一下才起身去玩，这样觉得更有条理，是吗？"

有时我们没有观察到，不知道孩子做了什么行为让他的速度快了，成绩变好了，我们也不要盲目夸奖，而是好奇地问他是怎么做到的。

- "今天用了半小时完成了一份大卷子，速度够快，你是怎么做到的？"
- "这次正确率特别高！妈妈很好奇，你做了什么保证正确率这么高？"

当我们这样问时，孩子如果发现什么行为在起作用，他会很有把握地把自己看到的行为及行为的结果讲给我们听；如果孩子自己不知道，这个问题也能够让孩子从关注结果转到关注行为，他会慢慢地观察和体会好行为带来的好结果。

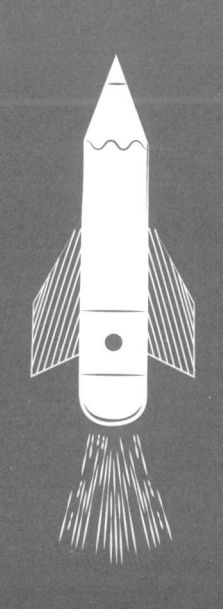

第三篇

学习的支持系统：让孩子持续学

第八章
营造氛围→良好的学习氛围，让孩子安心写作业

家庭环境是会"说话"的，它会通过家庭氛围直接影响孩子的行为。有时家长会问："我们家孩子一写作业就烦躁，不爱看书，不爱学习，就爱玩手机，怎么办？"当反问他们在家会不会看看书或者学点什么时，他们常常回答："孩子在家，我根本没时间看书学习，天天要看着孩子学习，还要做饭，各种事情都收拾完就太累了，只想玩一会儿手机。"如果家长都没有安心看书和学习，只有孩子一个人需要安心写作业，他是很难做到安心学习的。这种情况下，"氛围"两个字就变得格外重要。

田老师知识卡

- 不爱看书
- 一学习就烦
- 家长压不住火

氛围

心理机制：氛围如何影响孩子的学习状态

氛围是什么？氛围就是在一个家庭中，在彼此之间形成的一个场。在这个场里，我们感受到一种共同的气氛：当你平静的时候，我也平静；当你专心的时候，我也专心。反过来，当你急躁的时候，我也急躁；当你烦乱的时候，我也烦乱。所以孩子和大人之间会形成一个共同的场，在这个场里彼此同频。在生活中，我们经常会发现，如果我们今天身体不太舒服、心情有点差，然后我们急匆匆地对孩子讲话，过不了多久，孩子也会烦躁起来，他也会开始急匆匆地讲话，全家就都会处于一个急匆匆的氛围之中。

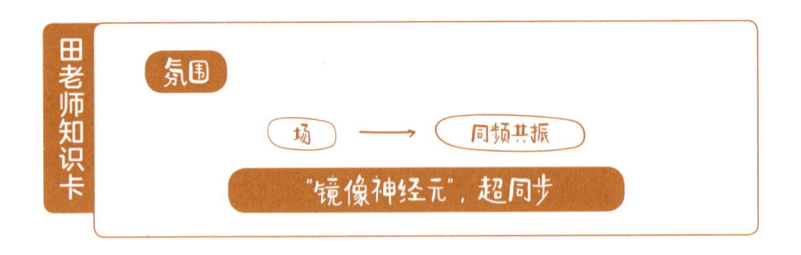

田老师知识卡

氛围

场 → 同频共振

"镜像神经元"，超同步

为什么会这样？因为我们每个人的大脑里都有一种很重要的神经元，叫镜像神经元。镜像神经元的作用机制就是当我们看到别人在做这件事的时候，我们的大脑像照镜子一样，把他的行为映射进来，相应的脑区出现同样的神经兴奋，从而激发我们做出跟别人一样的事。也就是说，当别人做事时，我们看到别人做的事，大脑皮层同样的脑区就被激活了，我们也体会到同样的感受，唤起了做同样事情的欲望。所以，我们和孩子之间常常是同步的，我们的情绪状态和他的情绪状态同步，我们的喜好和他的喜好同步，我们的行为和他的行为同步，我们在各个方面和他之间都有太多的同步性。在陪学过程中，我们就要利用这样的同步性创造学习氛围，创造一个让孩子能够静心学习、主动学习的氛围。

家庭环境：做成长型父母，一起"学"

有些家庭环境中孩子不知不觉就能安心学习，有些家庭环境中孩子觉得百无聊赖，有些家庭环境中孩子心急气躁……如果想让孩子不知不觉地安心学习、钻研努力，我们就要创造学习型的家庭氛围。我们可以从两方面来做：一是家长要创造安心和钻研的榜样氛围，并与孩子互动；二是整理家庭环境，创造简洁、安心的心理氛围。

做成长型父母，为孩子提供可模仿的人生榜样

社会心理学研究表明，成人对孩子的影响中，行为表率的作用要大于语言指导的作用，即父母做了什么比说了什么重要。我们做了什么行为，我们为孩子提供什么样的行为榜样，孩子就会倾向于模仿这样的行为。如果我们想让孩子学习，我们也得进入学习状态；反过来，如果孩子在家每天看到父母一直在玩手机、做饭，从来没有看到父母为一件事专注努力的样子，孩子的直接感受就是"我不知道妈妈学习和工作的样子，我只看到妈妈拿着手机看视频、购物很投入"。这样孩子也会觉得看视频、购物很重要，他就会找机会看视频、购物。所以，当成人喜欢一边看视频一边说"哈哈哈，好玩儿、好玩儿"时，孩子也会喜欢一边看视频一边说"哈哈哈，好玩儿、好玩儿"，成人和孩子之间的行为超同步。

近些年，人们有一个认知误区——"不要把工作带回家"。如果家长不把工作带回家，孩子看不到家长在工作中专注投入的样子，看不到家长对工作的重视，孩子就难以重视工作和学习。我们要主动把一部分工作带回家，让孩子看到我们的工作状态，家长对工作的专注和热爱是对孩子最重要的教育。比如我女儿从小就看到我每次讲课之前都在好好准备，我会跟她说："明天那节课特别重要，妈妈要好好准备。"孩子一听就懂了，她认真地说："妈妈，你好好准备！"然后她会给我时间，也会主动关心我："妈妈，你喝水。""妈妈，你准备得怎么样了？"在这个过程中，孩子看到了什么？她看到了我为工作努力、用心，我全力

以赴地在为重要的事情做准备。这些行为就会在她的心里埋下种子，她知道对待重要的事情就是要用这样的态度，做这样的行为。等她上学，每次老师安排给她一个任务，她回来都会讲："妈妈，老师给了我一个重要任务，让我下下周参加一个英语剧演出。这很重要，我要好好准备"。对比我们两个人的言行，就会发现她面对学习任务的这句话和我面对自己工作的那句话是一样的。这句话不是我在她做事情时教给她的。这句话是我的行为准则，我在生活中就是这样做的，被她看到了，她从小就习得了这样的观念，"做重要的事情时，我要好好准备"。

所以，榜样要通过行为传达两点：一是要传达做事的方法，孩子看到家长在做一件重要的事情之前会做充分准备，她下次做重要的事情之前也会做充分的准备；二是要传达价值观。我们要让孩子明白什么事重要。女儿看到我对讲课、对工作那么重视，那么全力以赴、反复琢磨，她就明白"妈妈把她的工作看得很重要"，她也就知道"学习对我很重要，我要努力学好"，她长大以后会不断学习和成长。这样，孩子心中就有了"重要"这两个字，这就是孩子的价值观。当孩子觉得学习有价值时，当然愿意为了学习好好努力。

在阅读方面也一样，如果家里没人看书，孩子就不能直观地感受到阅读的重要。但如果家人都爱看书，拿起书来看的时候全神贯注，一边看一边记笔记，一边看一边在书上划几行，孩子看到这些会有什么感觉？在看书这件事情上，他从小就会明白"看书很有意思，而且看书不光是看，还要记，也要划重点"。孩子对书的热爱就在潜移默化中培养了。有的时候我们还会把看到的内容讲给孩子听,讲给其他人听,孩子就更懂什么叫看书了。他知道"看书很重要,看书有意思,而且看书的时候要慢慢看,一边看一边划下来,看过之后还要讲给别人听",孩子就学会了看书的方法。在我们家,我会读很多书,历史、人文、社会、艺术甚至建筑,孩子也会拿各种各样的书来翻;我也会听很多音频节目,孩子也常常跟我一起听,哲学她也听得进去;我也会在准备工作的时候查找和学习很多资料,她就知道我为了工作在不断学习、不断地向大脑输入新的内容。

孩子就知道"学习"是重要的,哪怕是妈妈这么一个大人,也在不断学习。所以,在她心里学习就是一个大概念,不只是学校里的作业,还有更多含义。我们用行为让孩子明白,爸妈也在学习,他们也在为提升某个能力不断努力探索与成长。当孩子看到40多岁的我们也在学习时,他就不会问"学习有啥用",终身学习在他的生活中就成了自然而然的事。

当然,我们也可以反过来以孩子为榜样。比如最近孩子特别爱看书,我们可以说:"孩子,我发现你最近特别爱看书。我也想多花些时间看书了,我把前几天挑出来的书看一下。"孩子会有什么感觉?成人效仿他的行为,这是对他看书行为的最大肯定,他当然会做好爱看书的榜样,就会更爱看书。

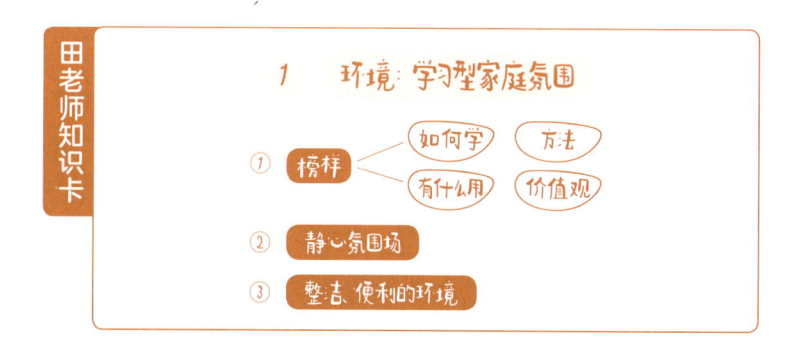

> **田老师知识卡**
>
> 1　环境：学习型家庭氛围
> ① 榜样 —— 如何学 / 有什么用 / 方法 / 价值观
> ② 静心氛围场
> ③ 整洁、便利的环境

打造静心氛围场

人与人之间是有场力的。如果孩子在学习，我们在玩手机，他学习需要静心的氛围，而我们玩手机创造的是轻松的氛围，这两个氛围很不一样，过不了多久，孩子就会坐不住，表现得很浮躁。所以，如果我们在陪孩子学习时想让孩子安心，就要主动放下手机。他学习的时候，我们也学习，他专心的时候，我们也专心做自己的事。这样我们才能打造共同学习的静心氛围场，而且我们也能够更好地理解他。如果他在学习而我们在玩手机，我们就对时间的流逝没有感觉，过一会儿孩子说"妈妈，我想休息了"，我们的感觉是"怎么刚学习，又要休息"。玩手机时间过得很快，而学习困难的内容时间很难熬，我们玩手机就体会不到跟他学习时一样的时间感受，我们和他之间不同频，这个氛围场就会混乱。

当我们真的坚持学习一段时间，我们会发现学习的感受很复杂。有时觉得时间特别长、特别难熬，有时忍不住想拿手机看看或者站起来做做家务，有时学进去了，觉得时间过得很快……这些感受真的不是一句简单的"好好学"能概括的。当孩子坐在那儿学习时，内心确实会有焦躁、挣扎、矛盾，我们要和他一起学，一起体会这些复杂的感受。等他学习完，我们也学习完，一家人才能一起深深地吸一口气说："哦，学完了，真好。"这样一家人就很同步，才能形成互相影响的场力。

家庭的物理环境也很重要，家里的环境要整洁、干净。孩子学习房间的东西一定要少而实用，千万别弄几个笔筒的笔、一堆本子、一堆书。在一个乱糟糟的环境下，孩子选一支笔要挑半天，找个学习资料也翻来翻去。这样的环境会让他烦乱、走神，很难安静下来。反过来，当我们把该清理的东西清理掉，让东西又少又整洁，每样东西都清晰地放在那儿，每样东西都物尽其用，在这样整洁、干净的环境中，孩子就更愿意做出规矩的行为。家庭环境是会说话的，我们把环境打造好，孩子就会不知不觉地受到影响。

情感环境：让学习与积极情绪建立联结

什么叫条件反射？举一个我朋友的例子，小的时候她妈妈很爱她，总是用心地烙鸡蛋饼给她吃。她在玩儿，妈妈在烙鸡蛋饼，过会儿妈妈端着香喷喷的鸡蛋饼给她吃，她一边吃一边感受妈妈的爱，好幸福。每次妈妈烙完鸡蛋饼端给她，她都能体会到妈妈的爱。等她长大了，不管什么时候，只要吃到鸡蛋饼就会觉得很幸福。其实，鸡蛋饼只是食物，它与幸福感没有直接关系，但是鸡蛋饼和妈妈的爱联结在一起，吃鸡蛋饼时那种被妈妈爱着的幸福感就会被激活。

我的一个学员留言说，她小时候很怕爸爸妈妈吵架，每次一吵架爸爸就会"砰"的一下摔门出去。每次听到爸爸妈妈吵架，听到爸爸"砰"的关门声，她就很害怕。关门的声音本身没什么，但是每次关门声都跟爸爸妈妈吵架、爸爸离开带来的害怕感一起发生，它们就会建立联结。所以哪怕她现在已经是大人了，可不管什么时候，只要听到"砰"的关门声，她就会心里一紧，半天都没法缓解，甚至很多时候她会把自己愤怒、害怕的情绪迁移到关门很重的人身上。

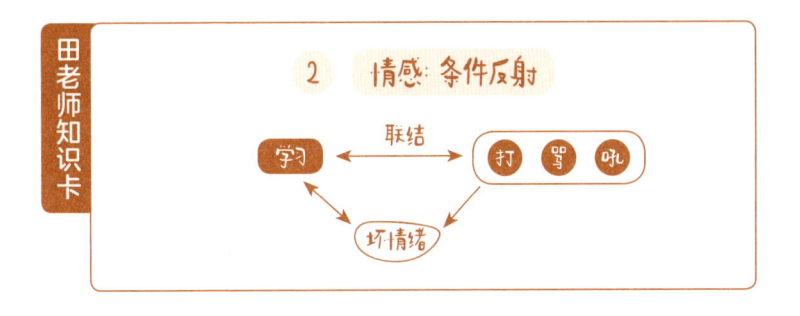

田老师知识卡

2　情感：条件反射

学习 ←联结→ 打　骂　吼
　↘　　↙
　坏情绪

这些都是条件反射。条件反射的概念是由苏联著名心理学家巴甫洛夫提出的。他在实验中发现，狗听到铃声原本不流口水，但是如果将铃声与食物多次同时呈现，铃声和食物就建立了联结，以后只听到铃声，也会激发狗看到食物时所出现的流口水反射。条件反射就是两件事之间本来没有关系，但总是绑定在一起，它们就有了关系，看到一件事就会激活另一件事带来的感受或反应。

将条件反射的机制放到学习中，当学习与感受好的事件建立联结时，下次一坐下来学习，好的感受就会被激活，孩子就会喜欢学习；当学习与感受不好的事建立联结时，下次一坐下来学习，不好的感受就会被激活，孩子就会讨厌学习。

建立积极联结，让孩子一学习就有积极感受

根据条件反射原理，如果孩子的学习总是跟家长的打、骂、吼联结在一起，那么打、骂、吼带来的负面情绪就会跟学习之间建立紧密联结，这就会让孩子一坐下学习就厌烦。如果孩子每次学习时，家长总着急，孩子对学习的感受就是一坐下来就很烦。所以，我们在陪学时，一定要保证不能让孩子的学习跟坏情绪建立联结。

根据条件反射原理，如果我们能够让孩子把学习与好情绪建立联结，那么每次一学习他就会体会到好心情，他便会爱学习。所以，家长要让孩子在学习的时候有好心情，让他感觉到爱、关心、轻松、喜悦、成就感、征服感。每次学习都跟这些积极情绪相联结，孩子就会更爱学习。

比如今天看到孩子坐在那儿学习，他学得很专心，这时妈妈温柔地说："孩子，写得怎么样？一会儿写完吃饭"，孩子一看"嗯，还差三道题，我赶快做"。孩子的感受就会不一样，平时妈妈做什么事都很急，可是今天很温柔，一种被爱的感觉会在孩子心里荡漾，他就能体会到妈妈的关心和温柔。如果每次一学习妈妈都温柔地过来看看他，每次一学习妈妈都很欣赏他，每次一学习妈妈都看到他在努力，孩子慢慢就会将学习和这种温暖、爱的

氛围绑定在一块。多次联结之后，下次孩子往桌前一坐，他不知道为什么，就觉得温暖、轻松，觉得自己一坐在桌前学习就很安心。这就是学习与积极情绪联结的力量。

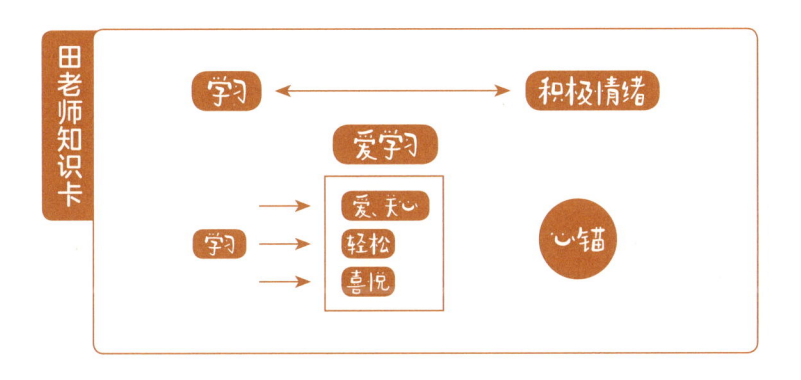

田老师知识卡

学习 ←→ 积极情绪

爱学习

学习 → 爱、关心
　　　→ 轻松
　　　→ 喜悦

心锚

学习要多跟爱、轻松的情绪建立联结，更要多跟喜悦、成就感、胜任感建立联结。就像前文讲到的，学习时不要把目标设置得太高，让孩子反复努力都达不成，这样他每次都会感到挫败无助；我们要把目标设置合适，让孩子努力就能见到成果，在达成目标时体会到微小的成就感和胜任感。这样时间长了，孩子一坐下来学习就知道后面将有成就感和胜任感相伴随，多次联结之后，孩子就会爱学习，一学习便会很幸福，咬牙坚持时也会觉得很快乐。

批评了孩子之后，怎么让学习与积极情绪建立联结

孩子的学习需要跟积极情绪建立联结，但孩子做得不好时，

我们可不可以批评他？孩子做得不好时，我们是可以批评的，要通过批评帮助孩子改变行为。但在批评之后，还有一个重要问题：孩子做出改变之后，我们要如何给他反馈。

比如，孩子晚上做作业一直不安心，等到 8 点多我们看不下去了，批评了他。批评之后他平静下来，开始安心学习，很快完成了作业。那么当他完成作业之后，我们要怎么说？我们可不可以说："你这孩子，不骂不学。不管你，你就能拖拉到那么晚；一管你，你就能这么快做完。看来下次还是要严格要求你。"这样说行吗？不行！如果他学习是因为被我们管得严，那孩子就是被动学习，他就会消极怠工。这样孩子下次仍然不会主动调节学习状态，到那时我们再说"不好好学，就打你"，孩子会想"哼，你打吧，打我，我也不学"，孩子就和我们较上劲了。如果我们的批评只是这一次推动了孩子，但是没有办法让孩子获得内在想学的动力，反倒让孩子在学习上变得更被动，这样的批评是没有意义的。

当我们批评完孩子之后，他安心学了，这时我们要把这份安心、学了、学好了的成果归结给孩子本身。我们要问孩子："孩子，很奇怪，妈妈批评你，你还有点不愉快，可是妈妈看到你很快就静下心来，你是怎么做到的呢？"这样问完，孩子就会琢磨"我当时确实很生气，但是我好像不想玩儿了，我就想着赶快把作业做完，我就安静下来了"。我们要接着说："很有意思，当你想赶快把作业做完，你想要静下心来的时候，你就做到了。下次你主动试试看，是怎么做到让自己静心的呢？你要是能做到，以后就可以管理自己的学习状态了。"这样孩子就明白了："哦，原来是妈妈批评我之后，我让自己静下心来，现在我已经能够让自己静下心来了。"这个过程中谁是主动的？孩子主动，孩子下次就会运用这个方法。

> **田老师知识卡**
>
> 不学 → 批评 → 静心 → 学了
>
> ① 不打不学 → 孩子被动 → 反抗 ✗
> ② 问"如何做到静心" → 孩子主动 → 主动静心 ✓
>
> 💡 要点 将"学得好"与"主动性"建立联结

孩子做得不好的时候，我们是可以批评的，但批评之后我们要琢磨怎么将孩子学得好这个行为归功给孩子，怎么让孩子看到他在行为上做了哪些调整使自己学得好。这样再将孩子的行为调整与积极情绪建立联结，孩子看到自己学习的主动性和行为改变的效果，才能够在被我们批评之后主动调整自己的行为，我们的批评才有意义。

放下焦虑，让教育走得更远

家长陪学时，看到孩子不好的行为就会心急，可是家长心急对于调整孩子的学习行为常常没有用，反倒会造成一系列消极影响。当孩子学得不好时，家长会心急，可是拿孩子没有办法；没有办法，家长就会愤怒、焦虑、无助，这时常常会采用最不得已的办法对孩子打、骂、吼；这又使得孩子的学习与家长的打、骂、吼带来的负面情绪建立联结，孩子更不爱学、学得更不好；然后家长更愤怒、更焦虑、更无助……家长和孩子一起陷入一个牢固的负面循环。咨询中，我们会看到很多家长在小学前三年对孩子打、骂、吼，逼得紧可能还有点儿作用，可是到了四至六年级就不管用了，到了初中就不但不管用，而且会让孩子抵触得特别厉害。而在这个负面循环里，家长发火时经常会说一句话——"我不得已，试了很多办法都没有用，我没办法"。家长之所以对孩子打、骂、吼，是因为无助，想找到办法又没有办法。这时想跳出这样的负面循环，我们就需要看得长远，从长远来解决孩子的学习问题。

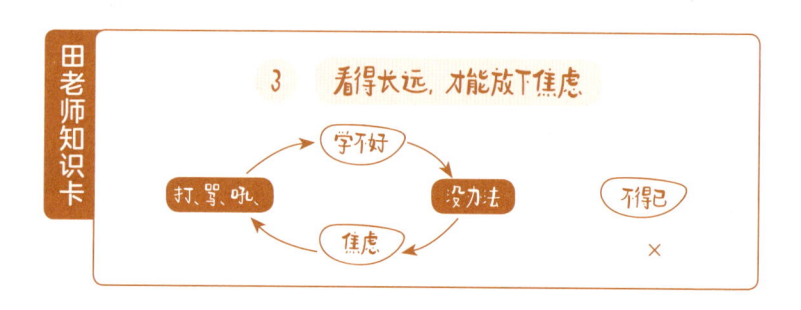

> **田老师知识卡**
>
> **3 看得长远，才能放下焦虑**
>
> 打、骂、吼 → 学不好 → 没办法 → 焦虑 →（循环）
>
> 不得已 ×

每天的陪学中，都要把长远的培养目标记在心里

要想从长远上打破这个负面循环，我们一定要多次停下来想想："如果我的焦虑和愤怒解决不了问题，那么我到底在为什么事焦虑？我到底期望孩子有什么行为？我要怎么做才能找到办法？"我们首先要承认，我们之所以焦虑，是因为我们希望培养

孩子长远的学习能力,但是我们做不到,我们当前缺少改变孩子问题行为的方法。所以,我们先要看到焦虑背后长远的教育期望,再带着这份教育期望寻找方法。

> **田老师知识卡**
>
> **"长远"需要什么?**
> 1. 自管理
> 2. 爱学习
> 3. 会学习
>
> **如何做到?**

比如,今天晚上我们在为孩子做作业的速度苦恼,但我们的期望肯定不只是让孩子今天晚上早点完成作业。我们培养的孩子会长大,他在学习方面有很长的路要走,要中考,要高考,要读大学,工作后要终身学习,我们要通过这样一个个晚上的学习培养他面向未来的自主学习能力。要想让孩子学会自主学习,我们就不能总用威迫利诱的方法,我们得主动找方法在教育中不断"后退",把学习的主动权还给孩子。

当孩子做作业的速度出了问题时,我们的反应要略微慢一点,给孩子一些时间去发现问题,去发现"我今天开始学习时,进入状态太慢了,晚上做到 11 点,下次可得提前点儿"。家长一定要注意"下次可得提前点儿"这句话需要是孩子的感悟,而不是家长强加的指导,我们最好等着孩子自己有这个感悟。如果孩子没有这个感悟,我们也不能说:"你下次可得提前点儿,不能再这样了。"而应跟孩子站在一个角度来引导他,比如我们陪孩子学习到很晚,等孩子做完作业时,我们和他一样有一丝成就也带着一丝劳累地说:"这么晚,困了。写到后面还真是有点累呀!你终于写完了!下次可得提前点儿。""下次可得提前点儿"不是对这次做作业的指责,而是对下次学习的计划。我们有这样的态度,孩子就不用对我们设防,他就会听得进去。如果孩子下次又做到很晚,不用我们说这句话,孩子自己也会说这句话,他就具备了主动调节作业进程的能力。

在每一次出现问题时,我们都要给孩子一个自主成长的机会。当我们关注长远目标时,我们就理解每一个问题都是因为孩子在成长中暂时缺少某种能力或方法,通过解决这个问题,孩子就能够习得这个能力或者方法。

在想学又不想学的矛盾中,强化孩子想学的力量

我特别喜欢一个印第安故事。一群印第安人围着火堆烤火,一个印第安年轻人问智者:"智者,我的心中有两匹狼,它们一直在争斗。一匹狼贪婪、自私、凶狠,另一匹狼勇敢、友爱、仁慈,它们每天都在争斗不休,您觉得谁会赢?"智者说:"你喂食的那匹会赢,你喂食哪匹狼,哪匹狼就会得到强化,它就会赢。"

孩子也一样,他的身上有两个部分,有爱学的部分,也有不爱学的部分;有想要学好的部分,也有看到困难想要逃避的部分;有尝试管理学习行为的部分,也有坏毛病怎么改都改不了的部分。你看到了哪个部分?比如今天孩子拖到晚上 9 点才进入学

习状态，然后到 11 点才学完。这时，你看到的是孩子前面管不了自己的部分，还是后面孩子为学习负责，虽然学到 11 点，但努力学完的部分？如果你看到后面努力的部分，想强化这个部分，就要对他说："孩子，9 点的时候，妈妈担心你学不完，可是我看到你对自己的学习很负责，你 9 点开始赶紧写，写了两个小时完成了。很好！明天我们把开始写作业的时间往前挪一点，有了充足的时间，我相信你会做得更好。"孩子负责的部分就被强化了，他就会问自己："我怎么能更负责呢？"他会学得越来越好。

孩子身上总会同时有好行为和坏行为，几乎很少有完全处于两端的孩子，很少有完全差、半丝学习动机都没有的孩子，也很少有完全好、好得一点儿都不用管的孩子。大部分孩子处于中间，既有好的部分，又有坏的部分。我们看到哪个部分，强化哪个部分，格外重要。

看到孩子学习的难，帮他找到办法克服困难

对于好的部分，我们要强化；对于不好的部分，我们怎么做？我们不能针对孩子学得不好的部分，把一个要求反复提。如果一个要求提了三遍还没有用，我们就要停下来看看：孩子达不到这个要求，难在哪儿？我多次强调，孩子大脑皮层的额叶还在发育，他的神经抑制能力弱，所以孩子在学习时确实会碰到难处。每一天我们都要看看孩子的难处在哪儿，我们要为解决这个"难"提供支持，帮助孩子解决它，那样孩子才会成长。

我们还要理解成长的过程中会有反复。有一个读者跟我讲，

一开始，她认为 20 秒启动法特别好用。前面几天，每次只要把简单的、容易启动的事确定好，孩子就迅速进入学习状态。可是等到第六天就完蛋了，孩子不肯说他想先做哪个，催着他做完第一件事，后面的事他还是不想做。当孩子学习出现了这种反复怎么办？其实这时家长要看得远一点。孩子开始用这个方法时很开心，他想不到后面可能出现的问题，但家长要想到孩子在使用相关方法时可能遇到什么问题，如何调整。我们在陪学过程中要用心观察，这种方法用得怎么样，是不是顺利，有没有出现什么问题。家长就会明白，孩子不会是前五天用这个方法特别顺利，可是到了第六天突然就不用了。孩子的所有变化其实都不是突然发生的，在前面已经出现一些苗头，只是我们没有发现。家长一定要看在他用这个方法的第三天、第四天、第五天有什么新的苗头出现了，或者这几天有什么新的事情在他身上发生了。如果家长提前看到了，就比较容易找到方法，对后面出现的问题就有办法做出调整。

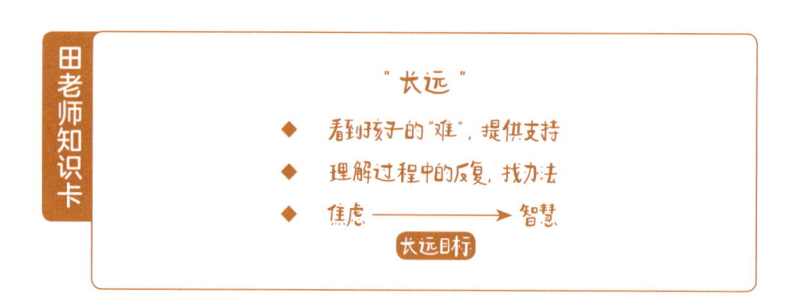

田老师知识卡

"长远"
- 看到孩子的"难"，提供支持
- 理解过程中的反复，找办法
- 焦虑 ——→ 智慧

（长远目标）

所以，我们在陪学的过程中要心怀长远目标，智慧地寻找方法。我们要带着觉察的心观察孩子的学习状态，当他面对困难时，看到他的难处，帮他找到解决办法。只有我们看得长远，才能够放下焦虑，围绕我们的长远目标培养孩子的自主学习能力。

小结

要想营造学习氛围，让孩子不知不觉爱上写作业，我们可以用三个方法。

第一，创造学习型的家庭氛围，给孩子做好榜样。我们专注工作的样子是对孩子最好的教育；我们要与孩子一起学习，打造静心氛围场。

第二，要在学习与积极情绪之间建立联系。将学习与家长的关心和爱建立联结，与轻松的氛围建立联结，与喜悦感、成就感、胜任感建立联结，让孩子不知不觉爱学习、爱写作业。

第三，父母要看向长远的教育目标，看到孩子学习的难处，找到办法为孩子提供支持，解决这个"难"，孩子才会获得成长。

课后操作手册

练习：用长远培养目标校准你的陪学行为

第一步：问自己"到底希望孩子做到什么"，明确长远培养目标

当看到孩子磨蹭、拖拉、马虎等各种各样的问题时，我们会焦虑、恼火，想要立刻采取行动改变现状。但是，我们在焦虑和恼火时采用的叫停"坏行为"的方法常常没有用，而且很可能会使孩子更厌烦学习，更依赖我们。面对孩子的"坏行为"，我们要慢下来，想想自己到底希望孩子做到什么，通过这件事以及类似的一系列事情，我们到底想要培养孩子的什么品质。有了清楚的目标后，我们才能够找准路线。

我们要问自己两个问题：我希望孩子做到什么？我希望培养孩子的什么品质？

孩子的"坏行为"描述：

_____

我希望孩子做到什么？

_____
_____

我希望培养孩子的什么品质？

_____

比如，一位妈妈说："孩子写作文总是很慢，半天不肯下笔。开始写了也是写一行擦半行，没写两行就开始数字数。一篇 400 字的作文要写两个小时。催他不行，骂他也不行，有时恨不得直接找篇范文让他抄。"面对这种情况，妈妈一定要问问自己，到底希望孩子做到什么，希望培养孩子的什么品质。

孩子的"坏行为"描述：
写作文总是很慢，半天不肯下笔。开始写了也是写一行擦半行，没写两行就开始数字数。一篇 400 字的作文要写两个小时。

问：我希望孩子做到什么？
希望他能够在 40 分钟内写完作文，并保证所写的作文合格且流畅。

问：我希望培养孩子的什么品质？
提高写作能力，能够写得流利、通畅。
对写作文有信心，敢于下笔。

第二步：问自己可以采取哪些行为，建立长期培养机制

如果纠结于眼前的坏行为，让孩子立刻停止坏行为，那一定起不到作用。当我们看到希望孩子通过这件事培养的品质时，我们就要从长计议，问自己可以采取哪些行为，这样的品质可以通过哪些途径、哪些方法、哪些行为来培养。"凡事都有三个办法"，要从多

个角度琢磨孩子的困难,至少找到三种方法,从不同方面同时推动。

问:可以采取哪些行为?

1.
2.
3.

比如当妈妈想要培养孩子的写作能力和写作信心时,妈妈要做的不是在他写作文时催、骂或把范文扔给他,而是要问"如何做能够培养孩子的写作能力和写作信心",要想培养这些品质,一定要从多个方面同时着手。

问:我们可以采取哪些行动?

1. 平时给孩子选一门作文课,和孩子一起学习,逐项练习写作技巧,比如练习"五种作文开头法"。

2. 平时跟孩子一起做一些生活观察,做观察对话,积累素材,练习方法。比如观察"爸爸不同的表情和话语""小区的小狗碰到各种事物的反应""早点铺师傅炸油条的过程"。

3. 孩子写作文时,不做结果性评价,把"写得真好""妈妈特别欣赏""又得到了 10 分"这种话从反馈中去除。多采用过程性评价,多说"这两个排比句读起来真有气势""这是总–分结构吗?嗯,后面的这段描述看的、听的、闻的写全了,我感觉自己看到了炸油条的过程"。只要家长细看,一定能从孩子的作文中找到细节行为进行反馈,这样就能让孩子专心写作,平时多积累经验,不会对结果患得患失。

4. 让孩子每次写作文时先介绍一下大概写作思路,在这个过程中一篇作文就构思好了。

第三步：问自己"哪些行为有效""还要怎么调整"，及时复盘

在执行过程中要及时复盘；做得好时，对行为的经验进行整理，让好经验保持下来形成习惯；做得不好时，对问题进行分析，找到突破的办法，让行为能够得以升级。

问：哪些行为是有效的？

___

问：哪些地方还有问题，可以怎么调整？

___

比如，在上一步介绍如何写作文时，谈到四个方法，有些好用，有些不好用，还会有一些新的方法，出现一些新问题。家长要抱着长远的培养目标"培养写作能力和写作信心"，对这个过程进行整理。

问：哪些行为是有效的？

1. 作文课学习了五种开篇方法，在写作文时用上了，不但写得快，而且写得很精彩，现在对这些方法掌握得很好。

2. 对爸爸开心、生气和专心看书时的动作、表情、言语进行观察和描述，孩子通过观察，对爸爸看得更细了，之后写类似作文会运用这些方法。

3. 主动在写作时用计时器，自己设定 8 分钟完成构思，下笔变快了。

4. 我细心读孩子的作文时，确实能从细节上看到孩子写得好的地方，每次把写得好的地方点出来，孩子都很开心，眼睛很亮。

问：哪些地方还有问题，可以怎么调整？

1. 让孩子说大概思路时，他说不知道，好像不太愿意交流，也确实不太会说。可以先看范文，说说它大概有几个部分，这样把范文的结构看明白了，自己对作文结构可能就心里有数了。试试指导孩子在读范文时分析其结构。

2. 孩子在写作文时还是会反复涂改，要让孩子平衡好速度和准确性。

第九章
假期管理→好的假期安排，让孩子更进一步

心动的假期计划暗含完不成的风险。有一位妈妈在寒假刚开始时就跟孩子说："孩子，你不是爱读书嘛，这个假期咱们好好读书。你看，妈妈找来了清华附小的阅读书单，有12本书。这个假期咱们把这12本书读了。"孩子说："好呀，这些书看起来就很好看，我想读。"12本书送货到家，那么厚一摞，光是想想一个假期能看这么多书就很心动。孩子选了第一本书很有兴趣地读了起来，可是假期中间有各种各样的事，出去玩、约朋友、见亲戚、逛庙会……等到假期过完，孩子只读了3本。3本在一般人看来还不错，可在他们看来却是："天哪，12本的目标才完成3本！"孩子很沮丧，妈妈也很失望。

> **田老师知识卡**
>
> **放假时，你们下了哪些决心？**
> - 补知识
> - 学新课
> - 练技能
> - 培养习惯
> - 玩好、学好

心理机制：认识并利用防御性悲观主义

过度乐观会在两个层面阻碍假期计划的完成。一是过度乐观会让孩子觉得自己无所不能，目标定得太大，同时对可能出现的问题预估不足，这使得他在达成目标的过程中遇到困难时措手不及。二是想象理想的结果或过程会产生一种心理完成感，降低孩子的动机水平，妨碍孩子的目标达成。孩子拿到12本书时，他会想象"这个假期把这12本书读完"的满足感，"只是想想，就觉得很满足"是一种真实感受，越多体会这种感受越会让孩子难以忍受真实读书过程中的困难。我的一个同事说过一句话"买书如山倒，读书如抽丝"，大概就是这种感受。在买书时我们觉得读完这些书不是难事，但真的读起来要一章章地读、一页页地看，这时光靠乐观的心态是不够的，越有"营养"的书读到后面越需要付出主动努力。

防御性悲观主义有利于假期计划的达成。防御性悲观的概念是由诺雷姆等人提出的，是指在面对一项任务时，悲观地设置低的期望水平，并反复思考事件的各种可能结果和影响因素。诺雷姆等人认为防御性悲观能够让我们对可能出现的风险因素进行模拟和预估，为可能的困难做好准备，并付出更多的努力以解决困难。持有防御性悲观主义信念的孩子在拿到12本书时，他会一边兴奋，一边想到读完这些书的"难"，预估时间、可能出现的困难，然后将读书目标调整到他能完成的水平，并对可能的困难做好预案，努力完成自己的读书目标。可见，防御性悲观主义与中国儒家文化的"凡事预则立，不预则废""夫轻诺必寡信，多易必多难"的思想有相通之处：先悲观地想到可能的困难并做好准备，才能得到乐观的结果，才能"终无难矣"。

现实性目标：制订可完成的假期计划

完不成计划对孩子而言是一种重大的挫折，多次完不成目标会让孩子形成普遍化、永久化、人格化的负面认知——"我没有毅力，我说到的事总是做不到"，这会降低孩子的自我价值感。在制订假期计划时，我们要做的不是设计一个完不成的高目标，加固孩子的负面认知，而是要帮助孩子设计一个可达成的目标，在完成目标的过程中提升孩子对自我的积极认知。

达成不了的计划有两个特征：宏大、笼统

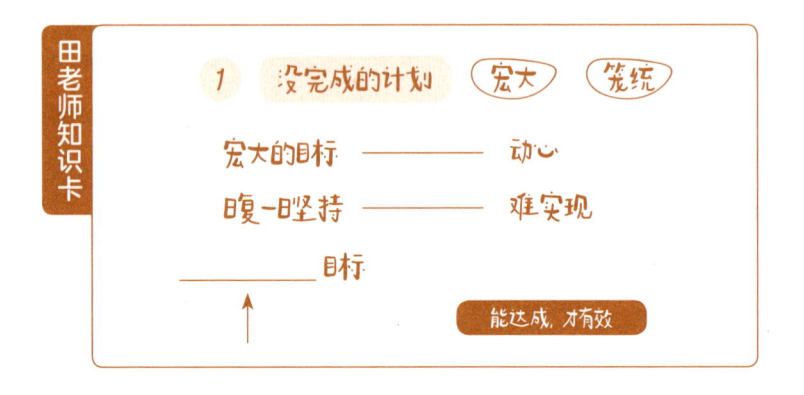

田老师知识卡

1. 没完成的计划　宏大　笼统

宏大的目标 —— 动心
日复一日坚持 —— 难实现
_____目标
　　↑
　　　　　　能达成，才有效

　　对那些完不成的假期计划进行分析，我发现这些计划通常有两个特征：一是宏大，二是笼统。宏大的目标树立起来的时候特别让人心动，但是在日复一日坚持的过程中它很难实现，孩子就会出现"说到做不到""眼大肚子小""眼高手低"等问题。而笼统的目标放在寒假这种长时间的学习中，会带来另一个困难：它不够具体，所以难以执行。比如"养成好的学习习惯"，要完成这个目标具体应做哪些事，用哪些方法，如何衡量自己是否完成。这个笼统的目标在这些方面都是无法确定的，也必然是无法执行的。

　　再宏大的目标如果完不成也会让孩子沮丧，再微小的目标在完成时也会给孩子带来掌控感。所以，我们要帮助孩子设计一个他能够完成的假期目标。这个目标设定既要考虑孩子现有的水平，又要考虑目标在时间情境中的有效性。在开始设计目标之前，我

们先要分析整个假期到底有多少时间。

我们以寒假为例，先看看一个寒假到底有多少天可以用来完成假期任务。学校放了35天假，看到这个"35天"，我们会忍不住地心动说"那么长的假期，咱们可以干好多事情，既可以读完这12本书，又可以写作业，还可以补充知识、预习新课"。但实际上，寒假35天，孩子真的可以有35天来完成目标任务吗？我们算一算就发现"放假天数"和"可用天数"之间存在很大差距。比如带着孩子出去玩，用掉5天；初一到初七，好像状态和平时也不一样，又用掉7天；还有6天孩子每天下午得上兴趣类的辅导班，他的状态不是全天学习，又用掉6天；有朋友来家里玩，你们又去找朋友玩，又用掉4天。这样算下来，只有13天是常规的学习时间。我们接着看看孩子每天的生活怎么安排，用于学习的时间有多长，用于运动的时间有多长，用于阅读的时间有多长，用于练技能的时间有多长，用于让孩子放松的时间、户外活动的时间有多长。这些算下来以后，我们会发现其实这13天用于学习的时间真的不像想象中那么多。

把常规的学习时间算出来，并根据每日常规日程安排任务之后，我们再算算其他非常规时间有多少，可以用来做什么。比如旅游途中没有太长时间进行常规学习，每天抽出20分钟时间专心完成作业就不错了，但旅游途中的时间用来做阅读就特别适合，做预习也可以，或者做一些英语打卡任务……我们分析"哪些事情适合旅游途中去做，每天可用的时间是多少，能做的事情是什么"，就能够将旅途的时间算好。接下来再算算初一到初七，"过年七天乐"期间每天可用的时间是多少，能做的事情是什么。

再来看有辅导班的日子，一般如果用半天的时间去上课，一小时的时间参加户外活动，再来做课程的预习、复习，白天时间就占满了。再来分析晚上可用的时间是多少，能干的事是什么。

> **田老师知识卡**
>
> **设定能完成的目标：现实性**
>
> ① 有无可用学习时间 × 可控天数
> （常规天数 =35-5-7-6-4=13天）
>   22
>
> ② 可用时间 × 5 天（旅游）
> 可用时间 × 7 天（初一到初七）
> 可用时间 × 6 天（上辅导班）
> 可用时间 × 4 天（其他）

当我们这样细分的时候，一个寒假的时间就不会像我们想象的那样"哇，那么长的假期，每天有那么长时间，我可以干那么多的事"。算下来之后，可用的时间很少，而且场景类型很复杂。我们就要基于这些时间，给孩子设计假期目标。这样的目标才是现实、可达成的。

用 SMART 原则分析目标的有效性

在针对家长和孩子的调研中，当问及："放假时，你们制订的哪些计划没能实现？"他们给出的答案排列在前五位的是：补知识、学新课、练技能、养习惯、玩好学好。

时间管理理论中有一个重要的原则——SMART 原则。SMART 是五个词的首字母：S=Specific、M=Measurable、A=Attainable、R=Relevant、T=Time-bound。这一原则包括五个标准，即具体性、可测量性、可达成性、相关性、时间限定性。只有符合这五个标准的目标，才是能够达成的有效目标。我们用这五个标准来分析一下家长和孩子上述五个"完不成的假期目标"，就会发现这些目标完全不符合这五个标准。

田老师知识卡

SMART

★ 补知识　　具体性
★ 学新课　　可测量性
★ 练技能　　可达成性
★ 养习惯　　相关性
★ 玩好学好　时间限定性

1. 具体性。这个标准要求保证每个目标都是具体的，不是空泛的。比如"补知识"这个目标就很空泛，太笼统。我们说要补知识，一定不是说四年级的孩子把一、二、三年级的语文、数学、英语落下的知识点全补一遍，那是不可能的。我们要具体地看，孩子到底在哪一科目上有知识漏洞，在这个科目上的哪种类型的知识上有漏洞，哪个具体的部分学得不好。这样我们就非常清楚要补哪一点，才能形成具体清晰的目标。如果只写"补知识"这几个字，等到开学，一定会发现这个目标落空了。

2. 可测量性。这是指要做哪些事、做成的标准是可以测量的。这样我们就知道每一天是否达成了目标。比如"补知识"太空泛了，即使我们做了，也没法确定是否符合标准。如果目标是"复习三年级下学期和四年级上学期的生字，每天听写一个单元"。这个目标具体化之后就是可以测量的，对于"每天如何达成，是否达成"，我们都能做到心中有数。

3. 可达成性。目标要略高于孩子的现有水平，孩子略微努力就能达成。一方面，每一项目标都要在孩子能达成的水平上，比如"对于三年级下学期和四年级上学期的生字，每天写一单元"，每天四五十个字词，要写两页田格纸。这时我们就要看自己孩子的书写速度和每天的可用时间，比如孩子写这些字需要20多分钟，每天留给写字的时间有30分钟，这个目标就能够达成。反过来，如果有一些孩子写四五十个字要用40分钟，看到两张纸就犯愁，他达不成，我们就要将任务减少到孩子略微努力就能达成的水平。另一方面，要保证总的任务量在孩子能达成的水平，这就需要做可用时间分析，将寒假的时间细化，再将所有任务所需要的时间细化，在可用时间和任务所需时间之间做匹配，以保证任务能够完成。

4. 相关性。也就是说，要保证这件事情有意义，与孩子学习和生活的目标相关。假期时间只有那么多，如果我们想练字、练舞蹈、去海洋馆研究一下海洋生物、练习插花技术……那么多的事情，孩子到底要做什么？不要头脑发热地去选择，占用孩子有限的时间。我们要根据相关性来做选择，要看哪些事情关乎孩子需要发展的兴趣或能力，选择真正需要的任务来做。

5.时间限定性。也就是说,要计划好用多少时间、多长周期做成什么样的事情,比如"补知识"这个目标可以分解成"每天听写一个单元的生字",这就有了时间限定,不是一个假期完成写生字任务,而是每天一单元,大概两页。这样的时间限制能够执行,执行后也能够测量。

家长和孩子要一起用这五个标准设立目标,并对目标进行核准。如果目标不具体、没法测量、达不到,对孩子的发展还不重要,也没有时间限制,这样的目标是不行的,哪怕有一两条标准不符合,也没法有效完成。将没法完成的目标列入孩子的学习计划表,只会增加孩子的无助感,让他们形成对目标任务的轻视态度。所以,我们在设计目标时,要根据SMART原则设计孩子能达成的、有效的目标。

从总体上衡量目标计划的可达成性,做好删减

家长要根据具体化原则对目标进行具体分析。比如"补知识",一定要分析清楚需要补哪几点。一个假期最好补两三点,如果要补七八点,那是整个学期的学习任务,不是假期干的事儿,孩子就完不成。又如"学新课"学到什么程度?预习语文预习到什么程度?是读一遍?还是需要在读的过程中,让孩子略微分析一下?抑或读到这篇课文,还要扩展一下,找找与这篇课文有关的故事?确定预习到什么程度才能够预估所需时间。

我们还要为每项目标匹配可用时间,删减完不成的目标。做好任务的具体化,再进行时间匹配时,我们一定会有一个困惑:

时间不够用。完成这些事情需要的时间太多了，根本不可能完成。这样在最初做目标设计时我们就要把所有能用的时间具体化，再把所有的任务及所需要的时间具体化，最后把这两个时间进行匹配，给所有的任务安排相应的时间。只有当一个任务能被安排时间，这个任务才有可能完成；如果一个任务安排不到时间，那就需要调整。比如"每天练琴 30 分钟"，可是具体到每天时不能保证有 30 分钟的时间，怎么办？一是想办法调整时间，把时间调整出来保证练琴时间；二是把任务进行删除或缩减，比如隔天练习，或者每天练习 15 分钟。

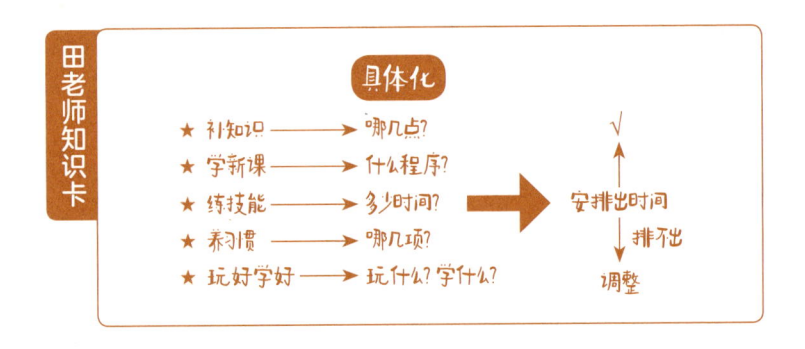

田老师知识卡　具体化

- ★ 补知识 —— 哪几点？
- ★ 学新课 —— 什么程序？
- ★ 练技能 —— 多少时间？
- ★ 养习惯 —— 哪几项？
- ★ 玩好学好 —— 玩什么？学什么？

→ 安排出时间 ✓ ／ 排不出 → 调整

当我们通盘地做完任务具体化工作，发现总时间不够用时，一定会有一个做减法的过程。这个做减法的过程，可以根据任务的重要性及其所需时间来衡量，最后选择那些既重要又能分配到时间的任务，以保证最后确定的目标任务能够完成。

契约法：按照约定完成任务

用契约法保证孩子假期按约完成任务

随着孩子年级的升高，学习的管理权要实现从"父母管"向"孩子管"转移。在低年级时，孩子的学习是以"父母管"为主，等到高年级就要变成以"孩子管"为主。在"父母管"和"孩子管"之间要顺利地进行权力转移，需要以孩子自主管理能力的形成为基础。假期就是培养孩子自主管理能力的好时机。平时每天作业比较多，很多父母不敢放手，因为万一孩子自己没管好，作业拖拉了会影响晚上睡觉的时间。到了假期，时间的弹性就会比较强，如果今天做得慢点，明天可以补回来，这样家长在假期中就可以有支持性地放手，让孩子练习自主管理能力。

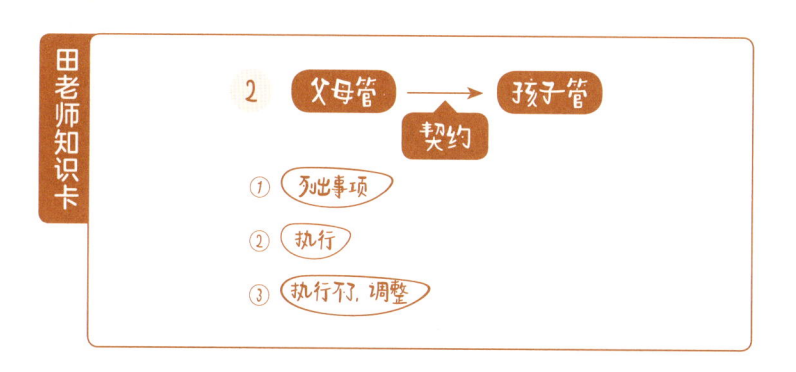

> **田老师知识卡**
>
> ② 父母管 —契约→ 孩子管
> ① 列出事项
> ② 执行
> ③ 执行不好，调整

在培养孩子的自主管理能力时，要想做到有支持性地放手，家长可以使用契约法。契约是什么？契约就是家长和孩子之间签订的一份合同，列出有哪些任务是必须完成的，定好契约后根据契约执行任务。如果能够顺利完成，这份契约就是可执行的、有效的；如果不能顺利完成，孩子就与家长一起分析哪儿存在问题，是计划不合适，还是方法不合适，如何才能完成，找办法调整契约，调整好之后继续执行。

契约法是从"父母管"向"孩子管"过渡时很好用的方法，家长和孩子之间通过沟通，把父母的要求和孩子的需求提出来进行协商，达成共识后外化到一份可见的契约上。孩子在每天的自主管理过程中通过契约执行任务，练习自我管理；父母通过契约监督支持，实现有支持性的放手。契约法能够为孩子自主管理能力的发展提供一个弹性机制，管得好就自主管理，没管好时进行调节，调节好后继续进行自主管理，直到能力形成。这样，就可以利用假期这样一个可以慢下来的时间，有目的性地培养孩子的自主管理能力。

契约制定，五步法保证契约的共赢性

我们以下图为例具体看如何制定一份契约。

第一步，父母和孩子先把自己的需求列清楚，包括想要什么和不想要什么。

第二步，看看哪些需求是双方共同觉得必须达成的，讨论具体内容和时间安排。比如列出契约需求后会发现，家长和孩子有三个共同需求，为这些需求找到执行办法。第一，完成每天的作业。家长和孩子觉得都需要达到，怎么办呢？可以通过作业清单法来实现。第二，阅读半小时。孩子要求"每天得给我半小时用

来阅读"，爸妈也觉得"在假期正好多阅读"，假期正是练阅读的好时候，家长有要求，孩子有需要，就列在中间的"共同需要"部分，每天安排时间来完成。第三，户外一小时。孩子说"我希望每天能出去玩儿一小时"，家长说"是需要去，得保证每天的运动量"。这样家长就要和孩子一起讨论，在这段孩子自己管自己的时间里，怎么保证每天留出时间完成阅读半小时，户外活动一小时，把时间留充足，阅读的内容和户外的运动量基本商量清楚。

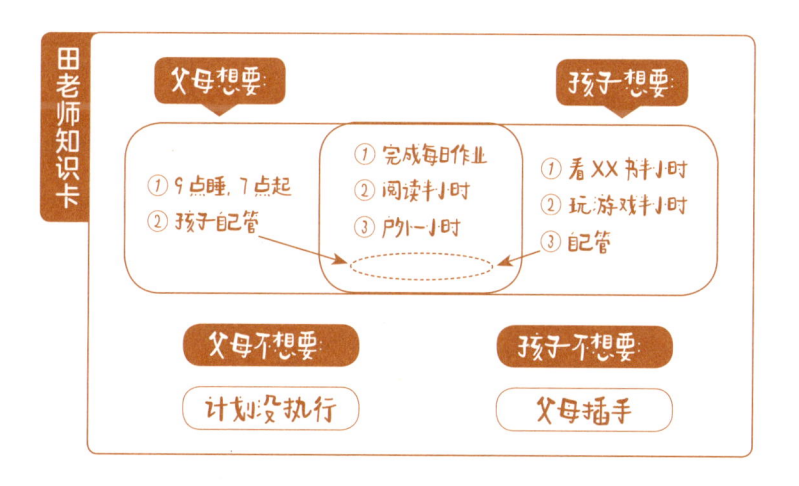

田老师知识卡

父母想要
① 9点睡，7点起
② 孩子自管

父母不想要
计划没执行

孩子想要
① 看XX书1小时
② 玩游戏1小时
③ 自管

孩子不想要
父母插手

共同需要：
① 完成每日作业
② 阅读1小时
③ 户外1小时

第三步，看看哪些需求是孩子单方面的，对这些内容设定必要的限制，既保证满足孩子的需求，又保证符合父母的要求。比如，第一点，孩子说想看 ×× 书，如果父母一看这是那种大人认为"没营养"，但孩子觉得好玩的书，就要对这个内容设定限制，跟孩子说"看太多这样的书不行，花了太长时间，只是令你开心，但不会让你成长。你要是喜欢看，妈妈也支持你看，每天只能看半小时"。半小时这个时间限定好,孩子在这个时间内就可以尽情地去看。第二点,孩子说"我们班同学玩的手机游戏特别好,我也想玩那个游戏",父母可以说"嗯,玩游戏妈妈也很支持你呀,也一样,总的时间就那么多嘛,游戏玩得也不能太长,我们也玩半小时"。这样游戏时间限定好之后,父母也可以关心地问问:"孩子,那是个什么样的游戏呢?""那个游戏好玩吗,怎么才能赢?""有什么新技术、新攻略吗?"这样让孩子带着目的去玩游戏,孩子在游戏中也会很有策略、自信。孩子从小对自己的游戏时间和内容有掌控感,长大后就不容易出现游戏成瘾行为。

对于孩子自己的需求,还需要设定支持性的监督步骤来保证孩子的需求能够合适地、有效地达成。比如,第三点,孩子想"自己管自己",其实父母也期望孩子"自己管自己"。看起来父母和孩子说的是同一句话,但分析下来会发现他们说的话含义不一样。孩子说"自己管自己"意思是"你别管";父母说"自己管自己"意思是"要完成任务",父母和孩子之间的共同点在哪儿?界限在哪儿?如何能够保证孩子完成"自己管自己"的目标?父母这时要设立监督步骤"你自己管自己可以,但每天不能到晚上10点你还没完成作业。咱们这样,我们每天下午1点半核对一下作业进展,然后晚上7点再和你一起查作业。如果7点前全完成了,后边时间你自己支配;如果7点没完成,我们看看还差多少,看看多久能完成,能不能顺利完成;如果你还差得多,爸妈就要把当天的管理权暂时收回来了"。接下来再和孩子讨论按照作业清单来预估上午完成的量和下午完成的量;然后在执行时就可以让孩子按照清单一项一项完成,父母只要每天设立两个监督的时间点就可以帮助孩子达成契约。当然不同年龄段和不同自主管理能力的孩子需要监督的节奏不一样,需要根据孩子的学习能力和自主管理水平为孩子提供不同水平和松紧度的支持性监督。

第四步,看看哪些要求是父母单方面的,检查和确定这些要求的合理性和必要性,然后分析这些要求在执行时可能遇到的困难,以保证这些要求能够执行。比如"每天9点睡,7点起"在假期是否合理?如何保证?如果假期晚上9点全家人都很兴奋地玩游戏、看电影,根本没有睡觉的气氛,让孩子一个人去睡觉那就太难了。为了保证孩子9点睡,父母就要先问:"之前每个假期为什么做不到9点上床睡觉?这个要求执行起来难在哪儿?"我们先分析完成这件事的"难处",或者调整期待时间,或者找到办法来保证这一目标完成。

第五步,对父母和孩子不希望对方做的事进行核对,提出方法。比如父母"不希望孩子的计划没执行",父母就要思考"不希望孩子的计划没执行,那希望计划如何执行,可以设定什么样的步骤或方法来保证计划的执行"。这就可以跟上面孩子想要"自己管自己"的需求结合起来。再比如孩子"不想父母插手",这与孩子的"自己管自己"的需求也是可以结合的,如果不想父母插手,那"希望父母用什么样的方式来监督,多久监督一次,如果进展不合适父母要做哪些事来保证自主管理的顺利进行"。其实,当孩子和父母想要做的事都设计好之后,不想要的事情会很少。

在整个契约的协商过程中，最重要的就是去问"孩子有什么需求""父母有什么需求"。找到中间共赢的部分进行设计；然后找到差异的部分，商定如何在有限制、有支持的情况下完成它。所以，契约法的目的不是限制孩子，也不是证明孩子"你做不到，所以你得听我的"，而是要真正地帮助孩子设定目标，并且达成目标。在设定目标的过程中，要让孩子赢。只有孩子赢得自己的目标管理，我们的教育才能赢。

历练优势：利用好假期，强化优势能力

假期里，孩子不断练习自主管理并提高了效率，省下来一些时间，省出来的时间可以怎么安排？父母可不可以说"还有三小时呢，来，再做套卷子"。这样的安排会让孩子有什么感受？"我前面做得那么快，是为了后面有自己可以安排的时间，结果又要做卷子。我还是没有自己的时间。明天我不会做得那么快了。"在孩子学习的过程中，如果父母随意增加任务，那就是对孩子高效率学习的惩罚。所以，一定要把孩子因为自主管理、主动提高学习效率而省出来的时间交给孩子，让他自主安排。

用饼图让孩子自主安排"省出来的时间"

我们要注意"自主安排"不是"自由安排"，也就是孩子不能用这些省出来的时间随意地做自己喜欢的事儿。有一位妈妈跟孩

子说"如果你省出来时间，你想做什么都行"。孩子第一天作业做得很快，她用省出来的时间追自己喜欢的综艺节目，很开心；第二天孩子又做得很快，又痛快地追她喜欢的综艺节目……过了几天，妈妈发现孩子作业做得很粗糙、字写得龙飞凤舞，生气地跟孩子说"你为了看综艺节目就这么糊弄，从今天开始别看综艺节目了"。孩子也很生气，她觉得妈妈"说的话从来不算数"。我们如果只是简单地对孩子说一句"作业做得快，省出来的时间自己安排"，那对孩子而言"作业"与"自由的时间"是对立的，快做作业的目标就是赶快获得自由，这样孩子做作业的目标就不是自主管理，而是远离作业的束缚。

可以用饼图法对孩子的闲余时间进行项目和分配比例上的限定。我们先跟孩子讨论："如果能够省出来时间，你想做哪些事？"大概商量出几个大项，比如玩手机游戏、看书、自由游戏、运动，然后讨论每一大项的占比。比如在玩手机游戏上，一般孩子希望多玩一会儿，父母希望有个时间限定，那要根据自己家以往的情况和假期实际的时间情况商量一个能共同接受的时间比例，比如每天占总剩余时间的 20%，但总量不可以超过 1 小时；看书占总剩余时间的 30%；运动占总剩余时间的 20%；剩余的 30% 为自主安排时间，这个时间不可以玩手机游戏。这样，如果这一天学习完一共有 3 小时，那就是游戏 36 分钟，读书 54 分钟，运动 36 分钟，自主安排 54 分钟。这样用饼图对项目和时间分配比例限定后，孩子就可以在这个基础上选择游戏项目、运动项目、所读书目和其他事项，孩子会越来越有掌控感。

田老师知识卡 — 闲余时间的饼图管理

- 自主安排 30%
- 手机游戏 20%
- 看书 30%
- 运动 20%

做好支持,用省出来的时间锻炼优势

在整个剩余时间的安排过程中,我们要为孩子做好支持,引导孩子进行优势能力的锻炼。孩子哪方面强,哪方面感兴趣,哪方面有优势,在假期里要继续锻炼这些方面。可能孩子对科学感兴趣,这个假期我们就可以买一些科学书籍,下载一些科学类纪录片,再选一两套科学视频课以及科学实验套装器材。这样,一个假期下来,孩子在科学方面的兴趣就会得到满足。这个优势对于孩子的一生很重要,它会让孩子形成探究、钻研的品质,而且会让孩子在探究和钻研方面有优势感,他会觉得自己有点"与众不同"。这个"与众不同"不是"我比别人厉害",而是"我有一个感兴趣的事,就会深挖,不把它琢磨清楚不罢休"的特点,这会为孩子高年级学习能力的打造做好准备。

如果孩子对历史故事感兴趣,我们可以买书、下载纪录片、找课程,甚至找一些专门的游学活动来帮助孩子形成自己的认知体系。孩子知道自己在关于历史的逻辑体系上"与众不同",觉得自己对于历史方面的事"门儿清",这样孩子在历史方面便有自信,文科底蕴就会越来越深厚。所以,不管孩子对什么有兴趣,只要我们帮助他在假期去锻炼,就可以激发孩子的学习动力,孩子便会看到学习的长远意义,更愿意学习。在他心里,学习变得不仅有对课本知识的学习,还有对"我感兴趣的""我有优势的"领域的深入学习,孩子会形成"与众不同"的感受,这是自信和胜任感的源泉。

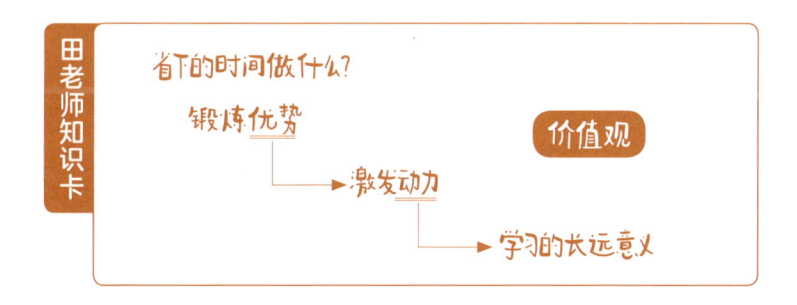

> **田老师知识卡**
>
> 省下的时间做什么?
> 锻炼优势 → 激发动力 → 学习的长远意义
> 价值观

📝 小结

要想在假期这个可以慢下来的时间,培养孩子的自主学习能力,我们不能过于乐观,而要有一些防御性悲观主义的心态,预想到可能的困难,对计划做整体设计。

第一,用 SMART 原则设定能完成的假期计划。首先,具体化地核查时间，看看整个假期算下来到底有多少时间，计划做的事情需要多少时间，把两个时间进行比对匹配，保证每个计划都能安排专门的时间。然后，用SMART原则的五个标准对计划进行评价，以保证每个计划都能执行。

第二，用契约法协商孩子的需求和家长的要求，达成一份双赢的契约，实现从"家长管"到"孩子管"的过渡，在实现管理权转移的过程中提高孩子的自主管理能力。

第三，用饼图法将省出来的时间进行分配，让孩子全面发展的同时，锻炼优势能力，激发孩子内心的学习动力。

课后操作手册

练习：制订一个能完成的假期计划

第一步：核算时间

将一个假期能够预料到的所有事项列出来，分门别类地统计时间。这样可以避免觉得"一个暑假 45 天"的笼统感。时间分配给很多事项之后，会发现其实时间真的没有那么多。

要做的事项：旅游 8 天，回老家 8 天，参加科技、写作和天文活动各 7 次每次半天，舞蹈课集训 4 天，约小朋友外出预计 4 次，每次 1 天。

事项	天数	可用学习时间
旅游	8	早晚能有时间，等车、坐车有时间
约小朋友外出	4	预计上午有空
回老家	8	不确定
上午科技小组 下午写作活动	7	晚上有空
天文小组	7	上午、晚上有空
舞蹈课集训	4	晚上有空
全天有空	7	全天有空

这样算下来，全天都有空的时间只有 7 天；参加天文小组的 7

天是上午和晚上有空；参加科技小组、写作活动和舞蹈课集训时是晚上有空；而旅游、约小朋友外出、回老家就有很多的不确定性因素，不好确定时间。算下来，我们发现时间不是完整的 45 天，而被分割成不同性质的时间段。这样在后面做安排时就会理性，不会做过多安排；同时也会明白目标执行的难处，会多想一点办法、多有一点悲观主义的预见性来保证计划目标的完成。

第二步：将目标具体化

家长要把应做的事项列出来，并且把所有的目标都具体化，这样好评估工作量，也好给具体的目标安排专门的时间来完成。

目标分为两大类：一类是学校必须完成的假期作业；一类是我们或者孩子自己想要在假期提升的能力。

学校的作业：把所有的作业整理出来，包括学校要求的学科作业、阅读、运动、社会实践等。

家长或孩子自己增加的任务，比如阅读、运动、参观展览、看表演；或者就某个问题开展一些深入的学习和研究，比如研究故宫、研究魔方、研究水晶泥的配制、制作视频等。把这些任务具体化，说清楚到底要做什么，比如阅读"每天读书半小时，假期读完三本书：《西游记》《稻草人》《海底两万里》"；再比如运动"完成学校要求的项目，打卡；每周有五天每天户外活动一小时"。再比如故宫专项研究："看故宫纪录片，做思维导图；每集两天，一天看纪录片，一天做思维导图，预计每天一小时，共 12 集，需要 24 天；去故宫一次"。

分析完所有任务及具体目标，家长和孩子可能会发现任务量是巨大的，不可能在一个假期完成，这时家长和孩子就要现实地做减法。如果在下一个步骤无法给某项任务安排时间，就要删除任务，或者把任务减量。

第三步：给目标安排时间

学校的作业：把所有作业列出来，不要平均安排到 45 天，要安排到比较稳定的作息时间里（如下表所示）。这样算下来总共有 28 天能做作业，其中有 14 天只有一个时段有时间，而且还在学习了一天的晚上；有 7 天有两个时段有时间；有 7 天全天有时间。我们在安排任务时就要根据这样的时间情况来分配学校的作业任务量。同时可以把约小朋友的时间、回老家的时间利用起来完成学校要求的一些社会实践活动。

事项	天数	可用学习时间	能否用于学校作业
旅游	8	早晚能有时间，等车、坐车有时间	否
约小朋友外出	4	预计上午有空	不确定
回老家	8	不确定	预计有 3 天能（1 个时段）
上午科技小组下午写作活动	7	晚上有空	能（1 个时段）
天文小组	7	上午、晚上有空	能（2 个时段）
舞蹈课集训	4	晚上有空	能（1 个时段）
全天有空	7	全天有空	能（3 个时段）

家长或孩子自己加的任务：给每项任务安排时间。安排到最后一定会发现时间不够用，这样再根据第一步计算出的总时间调整目标，一定要保证每项任务都有时间能够完成。

第四步：在试行过程中对目标进行调整

在试行过程，尤其是第一周，我们要对计划的执行过程进行观察和反思，随时进行调整。这样经过几天试行，得到基本稳定的目标计划。在过程中，如果遇到问题要随时调整。

第十章
自我管理→写作业终究是孩子自己的事

很多家长说到孩子写作业时都会很苦恼:"该写作业时,叫半天他都不来;就算人来了,也常常是人在心不在。""玩游戏时精力充沛,可一写作业就懒洋洋的,好像谁把他的活力阀门关掉了。""你盯着时他还能凑合着写,你一走开,他坐在那儿半天连笔都没动。""看到他做得不对的地方,一提醒他就不乐意。"很多家庭都会有这样的情况,写作业时家长使劲催,可是怎么催都催不动。这个过程中涉及一个核心问题,写作业到底是谁的事?谁该为孩子的作业负责,是家长还是孩子?

田老师知识卡
- ▶ 叫不动
- ▶ 人在,心不在
- ▶ 不盯,就不写
- ▶ 抵抗

为谁学?

心理机制：自我决定是一种基本的心理需求

教育心理学家德西和瑞恩提出的自我决定理论认为，自我决定是人类的基本心理需求，每个人都希望能够根据自己的意志来行动，希望做一件事是因为"自己想做"，而不是因为"不得不做"。每个孩子都不喜欢被家长逼着学习，如果学习时一直被家长盯着，写错一个字就要求立刻改，慢一点就要求赶紧提高效率，孩子不可能有内在的学习动机；就像我们成人也不喜欢被老板监督着工作，如果我们工作时老板一直在旁边监督，做错一点就指出来，慢一点就要求立刻加快速度，我们也不可能有内在的工作动机。而没有内在动机时，孩子会进入"人在，心不在"的懒散状态，成人会进入"摸鱼""划水"的糊弄状态。

但问题是，孩子的学习不能只凭自己高兴，高兴就学、不高兴就不学是肯定不行的，确实在很多时候需要一定的监督控制来推动。那么如何把外在的监督控制变为孩子主动的自我管理？自我决定理论认为外在的监督控制是可以内化并整合到自我管理系统中的，这个内化的过程从低到高分为四个水平。

第一个水平是外在控制，此时孩子学习的动机是获得外在奖赏或避免外在惩罚，比如"妈妈要求我学""好好学会被夸，不好好学会被骂"。

第二个水平是投射控制，孩子学习的动机源于个体内在的"应该或不应该"的观念，将成人的要求投射到自己的观念之中，比如"我应该好好学习，不能辜负妈妈的期望""我必须好好学习，才能得到高分"。

第三个水平是认同控制，孩子学习的动机源于个体内在"我想要"的观念，内在对学习的目标和价值感到认同，比如"我想要好好学，能提高成绩，提升能力"。

第四个水平是整合控制，到这个水平时，孩子学习的动机源于个体内在的"我会学"的观念，个体从整体上能够对信息进行综合考虑，进而做出自主选择，比如"我有能力选择适合这个科目的学习方法，我有能力安排自己的学习进度"。

要想帮助孩子完成这个"被要求学—我应该学—我想要学—我会学"的动机内化过程，帮助孩子获得学习的自我决定权，提升自我管理能力，我们在陪学时要逐步放手，把学习的管理权逐步还给孩子。

划定边界：把学习的管理权还给孩子

推车比喻，谁该是为孩子学习负责的人

我经常会用"推车"来比喻家长陪孩子学习的过程。在孩子没上小学时，孩子的力量小，家长的力量大，孩子就像一辆"手推车"，家长用力推，孩子就会向前走，这个阶段很容易推动。等到孩子上了小学以后，他自己的力量越来越大，在小学低年级时他就像一辆"三轮车"，家长的力量和孩子差不多，家长使劲推、用狠招还勉强推得动。但随着孩子继续长大，等到他上了小学高年级，他的力量很大，就像一辆"小汽车"，这时如果他不

想走,家长推起来会很难,用劲全身力气才能推动一点点。等孩子再长大,到了初中、高中,他就像一辆"大货车",如果他不想走,任家长怎么推,他也是纹丝不动,家长的推动变得一点儿用都没有。

> **田老师知识卡**
>
> **推孩子学习就像推车**
>
> 手推车 ▶ 三轮车 ▶ 小汽车 ▶ 大货车
>
> 家长"督"的水平没变,孩子力量增强

孩子的智慧和力量随着年级升高会不断增长,如果写作业一直是靠家长来推动,那随着孩子反抗的力量越来越强,家长就会越来越推不动。就像在低年级时,妈妈跟孩子说"你在这儿写作业,妈妈去厨房做饭,一会儿过来看你的学习进度",孩子在那儿写作业时,他会觉得"妈妈虽然在做饭,但妈妈能知道我现在是怎么写的",他会有所忌惮,不敢写得太慢;但随着他长大,他知道"反正妈妈不在,她看不到,她回来我可以说题太难不好解,我写了好几遍都擦了"。这时家长根本就没有办法知道孩子到底是如何学的。随着年龄增长,孩子自身的力量增强了,这时如果家长陪学的方法和力量没有太大的改变,还是用原来推手推车、三轮车的方式去陪学,家长就会发现越来越推不动。

所以,家长在陪学过程中首先要弄清的一个问题是:到底谁应该为孩子的学习负责?是家长,还是孩子?如果是家长对孩子的学习负责，那么家长要一直起到推车人的作用，为孩子的学习提供外在动力系统，而推车人提供的动力终将在小汽车和大货车庞大的体量面前起不到作用。如果是孩子本人对学习负责，那他就得拥有自己内在的发动机，形成自己的动力系统。这时家长在整个陪学过程中要做的就不是推动孩子快跑，而是要帮助孩子形成自己的动力系统，让他拥有"我想要学，而且我会学，我能够胜任"的动力信念。

田老师知识卡

谁为孩子的学习负责？
孩子 → 动力马达——起跑
家长 → 引导者

在不放手和放手之间，建立逐步放手的过程

为了让孩子对自己的学习负责，家长就要逐步放手，把学习的管理权还给孩子。在这个过程中，家长到底如何放手？家长千万别真的一下子放手，对孩子说："孩子，从今天开始妈妈就不管你了，你自己管自己，你好好学！"这样是肯定不行的。因为"自己管"和"好好学"是需要逐步培养的能力，如果把这样的一个结果性目标直接当作要求简单粗暴地提给孩子，他一定做不到。而且孩子所处的这个年代与我们成长的那个年代不同，在

我们成长的那个年代整个社会的教育竞争没有这么激烈，孩子们的学习节奏也没有这么紧张，如果哪个孩子在学习上栽了跟头，哪怕成绩落下一大截也能通过一段时间的努力追上去。但是在目前这个"密集型教养"模式盛行的年代，每个孩子的学习节奏都很紧张，留给孩子弹性尝试的余地没有那么大。如果孩子有一个学期的学习落下了，那他落下的可能不只是成绩，还有学习习惯，甚至是专注力水平，这时他再想通过努力进行追赶，会发现别的孩子知识累积得更扎实，行为习惯培养得更好，人家还和他一样聪明，一样全力学习，这时孩子想追上就很难。孩子在学习上不一定要抢跑，但在他成长的每个阶段，都要走自己该走的那一步，每一步都要走得很踏实，不能说在某个年级留下空白，留着以后填补，没必要冒这样的风险。

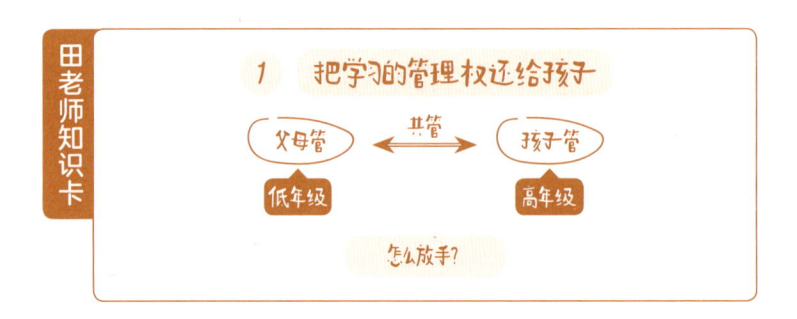

> **田老师知识卡**
>
> **1　把学习的管理权还给孩子**
>
> 父母管　←共管→　孩子管
> 低年级　　　　　　高年级
>
> 怎么放手？

所以"放手"不是真的一下子彻底放手不管，而是要逐步放手。家长在放手之前要先去观察和分析：看看在哪些方面孩子具备了相关能力和方法，可以放手；看看哪些方面还存在困难，暂时缺少什么能力，可以如何帮助孩子搭建台阶，培养这些能力，让孩子能够突破困难。等突破了困难后，孩子做起来就会很流畅，他就发现"最近两周妈妈没有管我，只是提醒我一下，我就能够做得这么好"，孩子就越来越愿意在自我管理中做更多尝试。

这个"放手"的过程，看似是孩子自己管自己，看似是家长放手不用管了，但是对家长而言可能不是因为不用管而省力气，而是因为不能直接上手管反而要投入更多的时间和精力去观察，用更多的心思去琢磨，这样才能看到更多可能出现的问题和困难，早一点和孩子讨论，早一点想办法。

"凡事预则立，不预则废"，在这个过程中家长要通过观察，敏感地、有预见性地看到长远的培养目标和眼前行为的培养契机，做出有预见性的努力，以帮助孩子获得管理的主动权。

搭建阶梯：为孩子的自我管理提供支持

家长在"放手"时并不是真的全部放手，放手的背后一定会有暗中的支持：一是当孩子自己管得好时，如何鼓励这个好行为，将这个行为稳固下来形成习惯；二是当孩子自己管得不好时，如何帮助孩子发现问题并调整，然后重新养成好习惯。

孩子管得好时，如何将好行为稳固下来形成习惯

如何能够在鼓励中聚焦一个好行为，看到这个行为的内在

好处并且强化它?我们要用心观察孩子,孩子有时候做了好行为自己不知道,他做的时候是无意识的,今天做了,过几天就忘了。家长不能这样,当他的好行为出现时,我们要看到这个行为好在哪儿,带来了什么好结果,把这个行为和行为的好结果指出来让孩子看到。

有一次我看到孩子在读英语韵律诗。她以前一听到英语韵律诗就很兴奋,跟着节奏跳得很开心,有时跳了好几遍,但诗里的单词她并不认识。这一次,我突然发现她的行为不一样了。可能有几个词她不认识,所以她一边兴奋地跳一边看书上的文字。等她跳完,我问她:"孩子,妈妈观察到你跳韵律诗的时候,一边跳一边瞄课文,你在做什么呀?"孩子说:"妈妈,那几个单词我记不住,我希望能记清楚一点,所以我在偷瞄。现在我都记下来了,不用看书也能边跳边唱,你帮我放音乐吧。"果然,她再跳的时候,我发现她把那段诗记住了。

当我们看到孩子这样的"新行为"开始露头时,我们就要及时地把它指出来:"你一边跳得很开心,一边观察自己不会的词语,把它们记牢了。孩子,这样做真的很厉害,这个方法不错。"这样一说,孩子就明白这个行为的好处是"有不会的地方,要特别关注一下,这样就能学会了"。下次他还会一边学,一边用心思考自己哪儿学得不够好,他就会对这个学得不够好的地方给予特别关注,他学习的主动性和目的性就增强了。

所以我们在放手的同时，给孩子的支持要做到位。要把观察工作做得更细致一些，当孩子做得好时，就要把这个行为的内在好处指出来，把它锚定下来，形成习惯。孩子的学习习惯不是靠我们口头上要求"孩子，你要好好努力，养成好习惯"，只要求没有用。我们需要在孩子的好行为出现时，看到这个好行为，鼓励这个好行为，让好行为得到强化，这样孩子自我管理的能力才会不断增强。

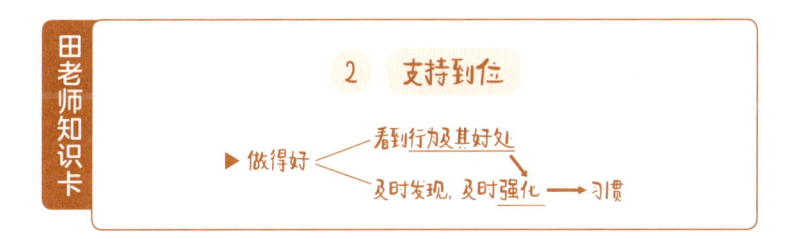

田老师知识卡

2 支持到位

▶ 做得好 ── 看到行为及其好处
　　　　　└─ 及时发现，及时**强化** ──→ 习惯

孩子自己管得不好时，如何帮他突破困难，实现能力升级

孩子自己管得不好时，我们要问以下三个问题（在实际生活中可灵活变通），帮助孩子突破困难，并实现能力升级。

问题1："哪儿做得不好，暂时缺少什么能力？"
问题2："如何能够做好？怎么获得这个能力？"
问题3：（等到孩子做好时）"管得很好，你是如何做到的？"

通过前两个问题，帮助孩子把缺少的能力分析明白，然后找到方法获得这个能力，并突破困难。等孩子突破了困难，能够把自己管好时，我们再问第三个问题，帮助孩子将好行为稳定下来。三个问题问下来，能够帮助孩子发现自我管理中的问题和难处，找到解决方法，再将好方法、好行为稳定下来形成习惯。

比如孩子和家长商量好了，孩子假期中要自己管理学习，但他连续两天都是晚上9点才开始学，到11点才写完当天计划的作业。这肯定是"没有管好"的表现。面对这样的表现，我们要问上面的三个问题来引导孩子解决问题并提升能力。

问题一："哪儿出现了问题让做作业的时间晚了，目前在管理作业方面暂时缺少什么方法或能力？"通过观察和讨论发现，孩子每天自己安排的时间节奏是上午在家阅读和做各种杂事，下午出去玩，回来后继续阅读，等到吃完晚饭很久才开始学习。这显然是时间安排上出了问题，他没能根据学习任务量给学习设定合理的开始时间。

问题二："怎么才能够把开始学习的时间往前调呢？"和孩子一起讨论如何调整时间安排，如何根据学习需要的总时间，把开始学习的时间往前调。孩子根据前两天的问题对时间进行重新规划，每天下午3点就开始写作业，6点多就完成了作业。

问题三："你把时间调好了，你是如何做到的？"孩子会说："现在我把上午的时间用来阅读、出去玩儿，下午3点开始写作业，6点就写完了。晚上我可以自由安排。""如何做到的"是个重要的问题，它会重新将孩子的目光拉回到过程中，让孩子看到好行为和行为的好处，将新的好行为稳固下来。

> **田老师知识卡**
>
> ▶ 做得不好
> - ? 问 ▶ 哪儿不好？
> - ▶ 如何做？
> - ? 再问 ▶ 是如何做到的？
>   "行为-好处" → 习惯

孩子在学习时会出现各种各样的问题，我们要将这些问题由绊脚石转化为垫脚石，让孩子通过解决问题获得成长中重要的能力。有两个态度在这个过程中起着关键作用：一是要将对问题的害怕态度换成欢迎态度，二是要将对孩子的指责态度换成好奇态度。

有位妈妈说她孩子"就不能出去玩，出去玩两天，回来学习就特别费劲"。当孩子出现这个问题时，妈妈如何做？其实妈妈要做的不是皱眉，责骂孩子："你为什么学习这么费劲，为什么一出去玩，回来就这样？"指责只会激发孩子的逃避或反击。妈妈要对这个问题持欢迎态度，好奇地问三个问题。

问题一:"孩子,我发现每次我们出去玩之后,回来学习很费劲,这时的作业跟平时的有什么不一样?你怎么让自己安静下来呢?"这样的启发式提问就会激发孩子主动思考,孩子可能发现学不进去的关键问题是"好像我出去玩儿了两天,玩得太兴奋,回来就会有点疲倦,进入不了状态,而一直学习就会有一种惯性,不用努力也能学习"。

问题二:"你在疲倦的时候,安排什么任务更合适,能让你慢慢地学点东西?然后等你注意力稳定了再来高速学习呢?"孩子就会思考,给自己安排任务,尤其是如果孩子知道20秒快速启动法,知道要先安排一些容易的任务就能快速启动时,他就会选择任务。当他发现"我选择了容易的任务,前面半小时做我喜欢的作业,这样我就容易学进去,学一会儿,我就安心了"。

问题三:"你是如何做到的?"等到孩子能够在疲倦的时候用适合的方法开启学习状态时,我们再好奇地和他总结行为经验。"你是如何做到的"是个神奇的问句,它可以让我们看到行为的好处。另外,当问"你是如何做到的"时,有句潜台词——"孩子,做到这一切是你自己的功劳",把这份成果归功于孩子。孩子对于他做得不好的地方就会越来越积极地找办法,他会越来越有办法,也越来越有控制感,孩子会觉得内在的他是有力量的、是主动的。

所以,当我们要把学习的管理权给孩子时,无论孩子管得好坏，我们都要给予支持。孩子管得好时，看到好行为及其好处，把它强化稳固下来；孩子管得不好时，看到行为中缺少的关键能力，寻找解决办法获得这个关键能力，并把这个新能力及方法稳固下来。这样孩子就能够在自我管理的练习中，不断地实现能力升级，他会越来越有主动性。

双轨制："孩子管-家长督"保证目标的实现

列出目标和预警线

低年级是家长管，高年级要让孩子管，那么如何实现从家长管到孩子管的过渡？这时要用到一个双轨制模式"孩子管-家长督"，家长要起到监督作用。家长在把管理权交给孩子之前要列出两条线：一是目标线，"你需要做到什么"；二是预警线，"如果你什么时候还没做，我就要出手管理了"。

把目标线和预警线都列好之后，请孩子自己管自己。这个过程中家长要观察，孩子做到了吗？如果做到了，他是如何做到的？如果没做到，应该如何调整？家长要想把管理权交给孩子，就要做更长远的准备，做更深入的观察。把管理权交给孩子的同时，自己要留有监督权，就是要监督目标的达成情况和预警线情况，看看必须做的事孩子做了没有，如果孩子没按时做就要预警并督促。

实行双轨制模式，实现管理权的过渡

爱德华多·布里塞尼奥提出在进行模式转变提升时，要将行为分配在两个区域，一是执行区，二是学习区。

执行区的任务范围包括我们最熟悉的模式、已经掌握的行为，能够保证我们付出最少的精力资源去获得最大的收益。就小学三、四年级来看，执行区就是"家长管"的模式，因为对于这个模式，家长和孩子都最为熟悉，而且磨合一两年比较有经验，家长管时学习效率是最高的。但如果一直停留在执行区，一直停留在家长管的模式，孩子永远无法成长。

学习区的任务范围包括我们要开展的新模式、要拓展的新领域。就小学三、四年级的学习而言就是"孩子管-家长督"的双轨制模式。在这个阶段，孩子要不断地扩展自主管理的范围，在家长的监督下提升自我管理能力。虽然"孩子管-家长督"执行的过程中不像"家长管"那么有效率，还会出现各种各样的问题，但是它对于孩子长期自主能力的培养是重要的，是需要且值得付出时间练习的。

田老师知识卡

3　双轨制

父母管
① 必须做的事
② 底线→督

执行区

孩子管-家长督
① 是否做到
② 如何调整

学习区

等到有一天，这个"孩子管-家长督"的双轨制模式运行得顺畅自如了，就由学习区进入了执行区，这时孩子的执行区能力就增强了，即孩子实现了能力升级。这时会向新的学习区"孩子管"模式升级，孩子最终具备独立的自主管理能力。

现阶段儿童学习的管理模式

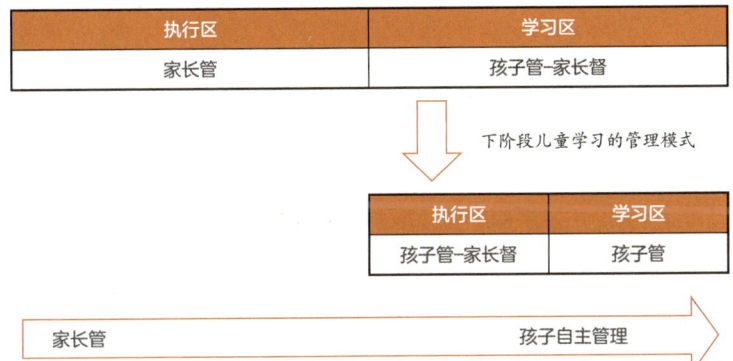

执行区	学习区
家长管	孩子管-家长督

下阶段儿童学习的管理模式

执行区	学习区
孩子管-家长督	孩子管

家长管　　　　　　　　　　　　　　　　孩子自主管理

儿童学习管理模式的升级过程

孩子在双轨制中要练好四种能力

第一，列清单和执行清单的能力。这其实是目标管理能力，这个能力不是家长简单地说"孩子，以后你自己管自己，你来列一个清单"这么简单，这个能力应该是我们和孩子共同具备并基本熟悉的能力。前几年都是我们和孩子一起列清单、执行清单，出现问题时调整清单，孩子已经对这个能力很熟悉、很了解了。从现在开始，家长的作用开始减少，由孩子自己列清单，如果有问题，家长来提醒；再稳定一段时间后过渡到孩子独立列清单。在执行过程中也一样，前期家长监督，出现问题一起调整，逐渐过渡到孩子自我执行清单，出现问题孩子想办法来调整。家长的每一步放手都要做好充分准备，而不能在孩子离目标行为差距还很大时直接放手，那样反倒会使得孩子因为多次失败而受挫逃避。

第二，管理注意力的能力。孩子要逐渐练习在走神时把注意力拉回来，让自己快速启动学习任务，在学习过程中让自己集中注意力，营造环境让自己更加静心。管理注意力这个从一年级开始逐渐练习的能力，在高年级慢慢地显现并逐渐稳定。在新的学习过程中会出现新的管理问题，要及时调整并获得新的管理能力。

第三，主动找方法的能力。我们在陪学中要经常使用启发式提问："如何能够做到？""你是如何做到的？"我们要以信任的语气问这样的问题，相信孩子愿意找办法，而且相信他能够根据目前的水平找到他能用的办法。当孩子每次能够主动找办法，并且能够解决一些问题时，孩子的能动性就会得以提升。

第四，发现问题并主动调整的能力。这是自主学习中最重要的能力，回顾孩子的成长经历，我们就会发现孩子所有重要的成长都是在遇到问题、解决问题的过程中获得的，问题和困惑越大，解决问题之后获得的成就感就会越多。所以，我们"不怕出问题"，而且要"欢迎出问题"。当出现问题时，我们不指责、不逃避，我们跟孩子一起找办法。找到办法后孩子看到自己的成长，他在自主学习中就不会遇到真正的挫折，因为每一次挫折都是成长的最好机会。

在双轨制"孩子管-家长督"阶段，在"督"的过程中要目光长远，帮助孩子把这四个能力锻炼好。当孩子把这四个能力都锻炼好了，就可以由"孩子管-家长督"过渡到"孩子管"的自主管理阶段。

📝 小结

要想把作业的管理权交给孩子，需要做好以下三点。

第一，要放手。家长不再做那个推车人，而是做背后的支持者，让孩子发展自己的管理能力。

第二，要支持到位。当孩子做出好行为时，看到行为的好处，把这个好行为稳定下来形成习惯；当他做得不好时，看到他的"难"，帮他想到办法解决困难，将新行为、新方法、新能力稳定下来形成习惯。

第三，用"孩子管-家长督"的双轨制慢慢地放手，逐步实现孩子自主管理的目标。

课后操作手册

练习:"孩子管-家长督"的双轨制模式

第一步:讨论现有学习事项、目标

家长要和孩子一起讨论对学习的管理包括哪些事项,在学习前、学习中、学习后三个环节分别讨论。

- 学习前事项:列学习清单,准确文具,准备作业及学习材料,整理桌面。
- 学习中事项:学习中的目标管理,比如每次学多长时间、怎么确定学习内容;学习中的时间和注意力管理,比如计时、时间提醒;学习进程的监控,比如核对几点钟要完成什么目标,有没有完成;作业检查,比如核对答案、核对完成质量。
- 学习后事项:逐项整理核对作业,整理桌面,整理书包。

为每一事项设计目标,即大概完成到什么程度或水平。目标的设定是因人而异的,要根据孩子的现有水平来设计。

比如列学习清单,一个四年级的孩子回到家已经可以很好地进行各科作业的整理，甚至在学校记作业时已经分科记得非常清晰，在晚上做作业时只要在作业清单上打钩就行，这个孩子的目标就是"独立完成列作业清单"。一个二年级的孩子，他对作业清单大概了解，以前是妈妈帮他列清单，那现在的目标是"自己抄写作业清单，妈妈帮忙检查"。

第二步：列执行区和学习区事项，确定孩子和家长的职责

我们要把第一步中讨论的所有事项，根据孩子现有掌握程度分配到执行区和学习区。

执行区代表已经能够良好运行，能够基本保证独自完成的行为区域。将孩子已经基本掌握的事项放到执行区，这个区域的事项一般由孩子完成，家长可以根据孩子的实际情况进行支持或监督。

学习区代表孩子有了独立行为的萌芽，但如果完全独立，不能保证行为效率和水平，需要家长的支持和引导的行为区域。将孩子想要掌握，但整体上不太行的事项放到学习区。这个区域的事项由孩子完成，但家长要给予相应的支持和引导。

执行区和学习区任务分配样例

执行区	学习区
整理桌面 准备文具、作业和材料 学习计时 整理核对作业 检查书包	列学习清单、检查清单 学习过程中走神，进行提醒 整理抄写错题 核对目标完成情况

比如作业清单管理，如果一个孩子自己会整理和检查作业清单，

可以把作业清单放在执行区，父母的任务可能是"晚上9点，根据清单帮孩子核查一遍作业"。可能执行一段时间后发现在晚上9点有多次遗忘作业或大量作业没完成的情况，那就要微调，比如在8点加一次核查和督促，9点再查一次；等到多次稳定地能在9点前完成后再执行原来的核查模式。

如果孩子自己还不太会整理和执行作业清单，可以把作业清单管理放在学习区。讨论孩子自己可以做什么、父母可以做什么，比如孩子每天回来可以自己列清单，可以自己确定清单的执行顺序，可以在做完每项任务时自己打钩；父母在每个环节中做辅导，并监控整体时间进程。比如在孩子列清单时，父母要帮助他看看是否列得清晰全面。这个过程中重要的是教会孩子检查思路，一段时间后，孩子就能掌握这个思路，并能够独立检查了。

第三步：建立家庭会议时间，讨论家长放手节奏

每周末设立专门的家庭会议时间，复盘上一周孩子自主管理的情况，讨论下一周家长和孩子的管理权限。

一是讨论"上一周自主管理中有哪些经验和问题"。对做得好的部分，及时指出好行为及好结果，将行为稳定为习惯；对问题部分，抱着好奇的态度看"难在哪儿"，寻找合适的解决方法。

二是讨论"对哪些学习区的任务可以逐步放手"。每隔一段时间，看看孩子哪些学习区的行为比较稳定、独立了，在这些部分家长继续加大放手力度，直到孩子能够完全独立掌握这些行为，再将这些任务放到执行区。

第十一章
沟通密码→和老师保持良好沟通至关重要

孩子在学习过程中出现问题时,家长怎么跟老师沟通才是最有效的?有位妈妈接到班主任的电话,说她们家孩子"写作业时说话,而且还离开座位跟后面的同学说话,说得特别兴奋、眉飞色舞,我叫了他好几声,他都没听到。这不但破坏班级纪律,还影响他自己的作业效率,等别人都交作业时就他没交,明明能在学校完成的任务,为什么非得带到家里做?"这位妈妈听了老师的话很着急,面对老师的批评很有压力,面对孩子的作业问题感到很焦虑。在这种情况下,她要如何跟老师沟通,她要如何跟孩子沟通,才能够有效地帮助孩子改变行为?

心理机制:为什么孩子难以理解老师的好意

面对老师的批评,家长的反应决定了孩子能不能从老师的批评中获益。这里列出了家长面对老师批评的三种典型反应，我们可以对号入座，看看自己有没有这些反应。

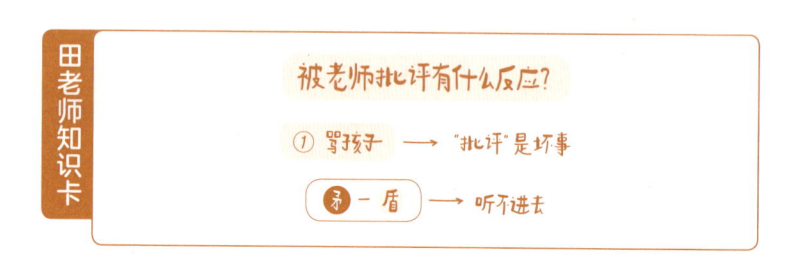

> **田老师知识卡**
>
> 被老师批评有什么反应？
>
> ① 骂孩子 → "批评"是坏事
>
> 矛 - 盾 → 听不进去

第一种反应：家长一听就生气或羞愧："啊，孩子竟然这样，太过分了！等他回来我好好说他！"

晚上一见到孩子，家长立刻指责："你怎么回事？人家都写作业，为什么就你不写？"家长接到老师的电话后这样骂一次孩子，孩子就会明白"如果老师批评我，妈妈就会骂我。老师的批评是坏事，我不要批评，我要远离批评"。老师的批评和妈妈的责骂的本来目的是让孩子"长点记性"，让他下次写作业时把离开座位说话的坏行为改掉，认真及时完成作业。但通常事与愿违的是，孩子面对批评和责骂，他们不会通过改正坏行为来避免批评，而会做出叛逆行为来抵抗批评。

家长说一句，孩子会找三个理由回击家长。为什么会这样？因为家长的指责像一把"矛"指向孩子，孩子会觉得危险。当孩子觉得危险时，他的本能反应就是找到"盾"来挡一下，这时他就会找理由、找借口。所以家长问："你怎么回事？竟然离开座位说话！"孩子就说："后面的同学拉我，说有事和我说。"

如果家长接着问:"人家都做作业,为什么就你不做?"孩子说:"我也不知道为什么。"没理由时用一句"不知道"把家长的追问又挡回去了。本来家长想表达的意思是"孩子,别人写作业时,你也要好好写作业"。可是孩子根本没听进去,他把所有的智慧都用来找理由抵挡家长的指责,以缓解紧张、堵心的感觉。

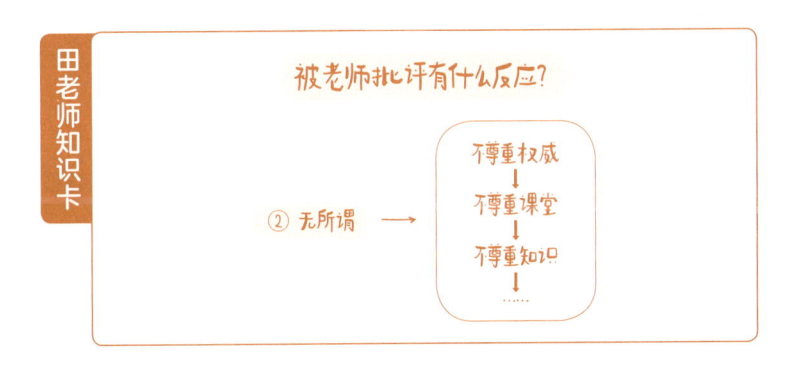

> **田老师知识卡**
>
> 被老师批评有什么反应?
>
> ② 无所谓 → 不尊重权威
> ↓
> 不尊重课堂
> ↓
> 不尊重知识
> ↓
> ……

第二种反应,家长觉得无所谓:"您多谅解,孩子还小,可能确实坐不住。"

家长在心里觉得是老师"太多事",见到孩子时安慰他说:"没事儿啊,老师批评你,你别担心,妈妈不会骂你的。"这样看起来是安慰了孩子,但是会给孩子未来的发展留下祸根。孩子如果对老师的批评不在乎,他就会不敬畏老师;不敬畏老师,他就会不敬畏课堂;不敬畏课堂,他就会不敬畏知识;不敬畏知识,他怎么能爱学习?所以,如果家长对老师的批评无所谓,家长对老师没有敬畏心,孩子也不会敬畏老师,孩子就会不尊重规则,不敬畏权威。

小学阶段是孩子形成敬畏权威的意识和能力的关键时期。小学阶段孩子要敬畏老师，尤其是要敬畏老师提出的要求及要求背后的规则，孩子长大以后才会有规矩。而家长对老师的批评采取"无所谓"态度，会让孩子难以养成对权威和规则的敬畏，难以适应学校学习和未来社会的要求。

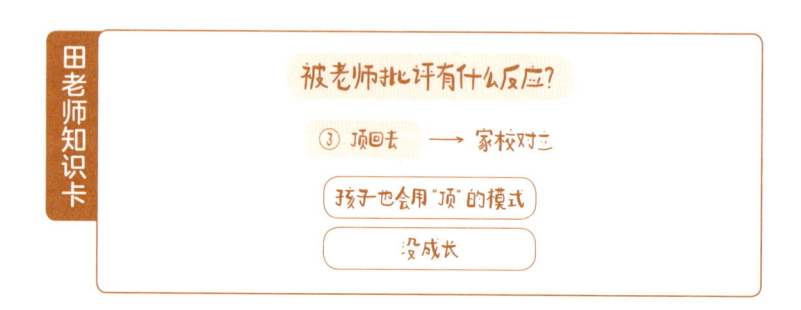

> **田老师知识卡**
>
> 被老师批评有什么反应？
> ③ 顶回去 → 家校对立
> 孩子也会用"顶"的模式
> 没成长

第三种反应，家长直接回击老师："我们家孩子在家学习没事儿，上外面的辅导班也不这样，怎么在学校上课就这样呢？"

家长的言外之意是："是不是你的课没意思啊？是不是你们学校管得不好呀？"如果家长用这种模式，就会形成家校之间的对抗，而一旦形成对抗关系就无法共赢。在双方不信任的情况下，如何能够用一致的方式教育孩子呢？而且孩子也会逐渐学会用这种模式来面对成人的批评。不管是面对家长的批评，还是面对老师的批评，他都会说："是你们的错，是别人的问题，反正不是我的问题。"他不在自己身上找原因，就没法找到问题的突破点进行改变。

这三种反应模式，不管是立刻责骂孩子，还是觉得无所谓，或是直接回击老师，都会使得老师的批评无法实现其本来目的，孩子理解不了老师批评背后的期待，没有办法按照老师的期待来调整自己的行为，没有办法获得期待中的成长。

成为翻译器：帮孩子读懂老师评语背后的期待

透过语言，看到老师对孩子的期待

当老师打电话批评孩子时，我们一定要倾听老师在说什么，要透过老师的语言，看到他对孩子的期待。如果我们把老师的整个心理看成一座冰山，露出水面的部分是老师的语言、行为和表露出来的情绪，水面以下是老师的期待。在听老师说话时，既要听到水平面上的语言，又要听懂隐藏在语言下面的期待。

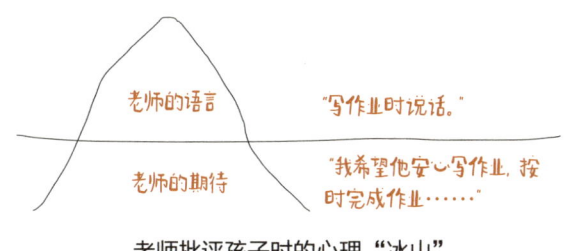

老师的语言："写作业时说话。"

老师的期待："我希望他安心写作业，按时完成作业……"

老师批评孩子时的心理"冰山"

如果老师说孩子"写作业时说话"，老师的期待是什么？老师的期待是"我希望他安心写作业，按时完成作业，回家就有更多的时间自由支配；把作业写好了，有不会的问题可以及时问我；把作业写好了，孩子在学习上就会越来越专心，他就会具备专心的品质"。

> **田老师知识卡**
>
> 1 听　老师说什么 ↓ 老师期望什么
>
> 老师期望 = 家长期望 = 孩子期望

我们看到，老师是在批评孩子的行为，可他的期待却很重要。他的期待和家长的期待是一样的，都是"希望孩子能够专注学习、安心写作业"。实际上，老师和家长的期待与孩子的期待也是一样的，孩子也"希望自己能够安心写作业"。所以当老师批评孩子时，家长不要急于反应，而要问自己："老师的期待是什么？老师希望孩子可以做什么？孩子如何能够做到？"

这些问题至关重要，我们问了这些问题，就不会指责孩子："你为什么离开座位聊天，为什么别人都写作业就你不写？"而会跟孩子说："老师专门打电话，她希望你在写作业时能够专心一些，能够把控好作业速度，及时把作业写完。"说完老师的期待，再好奇地与孩子讨论达成期待的方法："老师说你可以专心听讲，可是写作业时容易兴奋，无法管好自己。你在写作业时看看怎么让自己安心。咱们在家好好练练，看看写作业的时候怎么更专心，到学校的时候你也试试怎么更专心。老师希望你能够专心写、快点写，我们要好好找方法、好好练习。"这样孩子就透过老师的批评听懂了老师的期待，孩子就会找方法做出老师期待的行为。

翻译器，把老师语言下的期待翻译给孩子听

面对老师的批评，家长要指引孩子看到老师语言及行为背后的期待。家长要成为翻译器，把老师语言和行为背后的期待翻译给孩子听。

案例1：孩子因为写字潦草被老师要求重写，他觉得不公平："军军写得比我还潦草，老师怎么不说他？"

家长把老师的行为进行翻译："可能是军军写字的水平本来没那么高，老师对他的要求也就没那么高。可是老师对你不一样，他对你有很高的期待。""老师对你有很高的期待"强调的是老师对孩子的期待，这样孩子就不会因为老师的责罚而难过，反而会更加努力地迎合老师的期待。他也会想到平时，老师确实对他要求得十分严格："老师是这样，别人做错题他不批评，可他不允许我糊弄！如果我糊弄，老师是绝对不允许的。如果我写错了，被老师发现，他一定会批评我。"孩子理解了老师的期待："老师对我要求高，不允许我糊弄。"他就会按照老师的期待严格要求自己。

案例2：老师在假期里面给孩子们布置了好多任务，任务量很大。孩子抱怨："好烦，老师留那么多作业。"

家长把老师的行为进行翻译："是呢，这事儿很有意思啊。一、二年级的时候你们老师很少留这么多作业，可到三

年级你们作业就多了。老师下手够狠。我估计老师相信你们能完成。""相信你们能完成"的言外之意就是"你们在一、二年级的时候做不到,现在你们能做到,你们厉害了"。孩子就明白老师之所以增加任务,是因为对他们有所期待,对他们的能力心里有数,这样孩子也会有信心完成作业。

本来"字潦草被要求重写""任务太多"看起来都是孩子不太欢迎的事,可是当我们这样翻译之后,孩子看到了什么?他看到了"老师对我有期待,老师信任我,而且老师了解我的能力,我也相信自己能做到"。这样孩子就看到了老师言行背后的期待,孩子就知道自己该如何按照老师的期待去做,发挥自己的潜力,取得更高的成绩。

田老师知识卡		
任务量大	——	"老师相信你能完成。"
重写	——	"老师对你有很高的要求。"
批评	——	"老师不允许你在这样的题上犯错误。"

当然,家长也要注意,进行这种翻译时的语气和心态不要太积极正向。面对孩子的抱怨和烦躁,如果我们太积极正向,孩子会感觉和我们不在一个频率上,无法沟通。我们需要用一种真实、复杂的语气和心态跟孩子沟通,抱怨中带着信任,信任中又略有抱怨,但底层情感终究是信任。用这样的语气和心态,孩子的抱

怨被我们看到，我们的信任才能悄悄地传达给孩子。

愤怒的孩子：老师批评错了，家长怎么做

常常有孩子因为被老师批评，开始不喜欢这位老师，进而不喜欢这位老师所教授的课程，逐渐影响整个学业。如果老师错误地批评了孩子，孩子觉得愤怒，该怎么沟通？在这种情况下，如何让孩子从老师的批评中获得帮助，而不是愤怒地远离老师？我们需要从两方面着手：一是看到老师错误批评或错误要求下的正面期待；二是看到孩子愤怒行为下的深层次需求和期待。

透过冰山，让孩子看到老师错误批评下的正面期待

田老师知识卡

2 批评错了怎么办？

看　批评错了　老师期望什么　→ "翻译器" → 该怎么做？

当老师批评错了时，我们首先要和孩子一起再去看老师的这座冰山，老师的冰山上面是批评，这个批评不合理，这个批评下面的期待是什么？比如老师要求某个字写错或者潦草了，就把整个句子

写10遍。这种惩罚让孩子很生气:"我就写错一个字,让我整个句子写10遍,太过分了!"这个时候父母要怎么做翻译器,跟孩子一起看这座冰山,将老师过分惩罚下面的期待讲给孩子听?

家长应先理解孩子的情绪,与孩子同频。与孩子同频就是要跟孩子站在同一条战线上。孩子说"老师好过分,错一个字就让我写10遍",这时家长接话时的站位要正确,我们不能站在孩子对立面说"写就写呗,你唠叨不也得写嘛"。如果我们站在孩子的对立面,就无法和他同频,更没法共振,我们说的话他就听不进去。所以,我们要先站在孩子这一边,跟孩子同频,用跟孩子类似的语气说"哦,老师的要求真是太严了,错一个字就写10遍",这样我们多用一点时间,倾听孩子,跟孩子同频,我们后面说的话他才有可能听进去。

之后,家长应与孩子一起看到老师的期待。孩子只看到老师的严格和过分,但我们要引导他看到老师严格甚至过分要求背后的期待。我们要接着说:"老师真够严的,错一个字就要写10遍!你们真难。他这个写字关也太难通过了,不过,你们只要能过了他这关,以后其他科目老师的检查就都能过关。考试时,判卷老师翻到你们的卷子会惊叹你们全班的人写得那么整齐。老师是让人烦了点儿,要求也过分,但也许有点儿用。"孩子一想,他们班的作业质量的确比别的班强,他会说:"是呀,老师对我们要求特别高,我们快被他逼疯了,不写好根本不行。"说到这儿,孩子的感受会很复杂,一方面觉得"老师好烦",另一方面有一点骄傲"老师对我们要求是高,我们班确实整体写得不错"。对老师又欣赏又觉得烦,对老师的要求又抵触又硬着头皮坚持完成，这是很多高年级学生的真实心态，也是孩子认知复杂性和情商提高的表现。

家长要通过这样的同频共振过程，做好翻译器，引导孩子看到老师的期待，孩子就能明白老师到底想让他做什么，他才能准确地把握老师的要求，而不是盲目地抵触。当孩子能够准确地把握老师的期待和要求时，他才能够针对老师的期待和要求与老师沟通。

加深理解，看到孩子愤怒情绪下的深层期待

老师错误批评孩子时，孩子是很生气的。有位妈妈说她的孩子被老师误认为上课讲话，被老师批评。具体的情况是，老师在黑板上写板书，同桌和他说话，他跟同桌说"别说了，听课"，同桌还是反复和他说话，他不耐烦了，转过头跟同桌说"你能不能别碰我？上课呢"。结果很巧，当他转头说这句话时，老师突然回头看到他在说话，立刻批评他："你怎么回事？上课说话，你站起来！"孩子说："是他在跟我说话。"老师生气了："你还狡辩！你站到后边，好好站一节课。"孩子很气愤，回来跟妈妈说："妈妈，老师不分青红皂白，乱批评人，真的很烦人。"

田老师知识卡

这时家长要怎么说？能不能和老师一样指责孩子："还是你做得不好，如果同桌怎么碰你，你都不转头，老师能批评你吗？"这么说不行！这样家长就站在孩子的对立面了，再说什么孩子也不会听。能不能真的跟孩子一起批评老师"你们老师真过分，不了解事实就批评人"？更不行！如果我们只是看到孩子的愤怒，和他一起批评老师，只会加深孩子对老师的反感。这种情况下，我们既要做安慰者，又要做引领者，我们要理解孩子当前的愤怒，还要引导他看到老师的话语背后更深层次的期待。

我们先跟孩子的情绪同频，理解他的愤怒，我们要说："是呀，老师这样批评你，让你很生气。那你期待老师做什么？或者因为老师没有做到什么，所以你很生气？"这句话很重要。这句话问的是孩子的期待。隐藏的含义是："你希望老师尊重你，而老师没尊重你，所以你很生气，对吗？还是你希望老师认可你，而老师没认可你，让你很生气？抑或你希望老师重视你，而老师没有重视你，让你很生气？你的期待是什么？"当我们这样问时，孩子的焦点就不会局限在愤怒这种情绪上，他会透过愤怒这种情绪，问自己"我期待什么，我想要什么"。

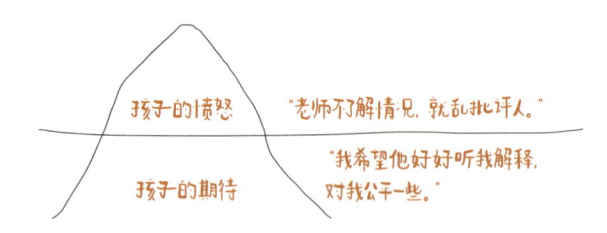

孩子的愤怒　"老师不了解情况，就乱批评人。"
孩子的期待　"我希望他好好听我解释，对我公平一些。"

孩子被老师误解时的心理冰山

当我们问"你期待老师做什么，老师没做，让你很生气"，孩子就明白了，他希望"老师能够理解我，老师看我在说话的时候，能够多问问我，了解事情的真实情况，能够公平对待我"。这时我们就要问："你期待老师能够理解你，公平对待你，如何能够做到呢？"引领孩子回顾当时的情况："老师在黑板上写板书，不知道下面发生了什么事，所以老师回过头以为你在说话，你和老师谁了解事情的真相啊？"孩子一想："对啊，老师不知道事情的真相，但是我知道啊。"我们再问："老师不知道真相，而你知道真相，谁该为解释这件事情负责呢？"孩子就明白："我得讲给老师听。"我们再问："可是老师在课堂上不肯听，你怎么办呢？"孩子说："我就多站一会儿吧，等下课了我再讲给他听，他总能听明白。"

这时，我们会发现，孩子在主动对这份误解负责，他期待老师公平对待他，他就主动把这件事讲给老师听。如果老师在气头上，不肯听他解释，他就能够等一会儿再讲给老师听。如果孩子小的时候懂得如何透过自己的愤怒看到自己的期待，明白自己在想要得到他人理解时可以主动解释，灵活地寻找更多方法去解释，他长大以后跟别人发生误会和冲突时，他就知道"我不是因为讨厌这个人而逃避，而是期待他理解，我要多跟他沟通，才能达成理解"，孩子的情商就变高了。

所以，当老师批评错了的时候，别指责孩子，也不要站在孩子的立场指责老师。我们要做翻译器，看到孩子的期待是"我看重老师对我的看法，我期待他能理解我"。为了达成自己的期待，他就会问自己"我该怎么做"，就会主动找办法满足自己的期待。

细节原则：如何与老师沟通孩子的学习情况

家长希望能在跟老师的沟通过程中了解自己孩子的信息，也希望孩子能够得到老师更多的关注和帮助，那么如何跟老师沟通孩子的作业和学习？如何能够得到老师更多的关注？

最重要的原则就是"细节"，要跟老师说细节，要跟老师问细节。我们不能笼统地问"最近我的孩子学习怎么样"。这样问，大部分老师都说不上孩子的具体情况。因为在学校里通常是表现特别突出的孩子或是有问题行为的孩子被老师关注较多，如果孩子表现得很正常，或者说很平常，老师可能一下子也想不起来他有什么特点或者需要什么帮助。所以我们在问老师时，要带着细节问题去问。比如我们发现孩子最近阅读有些困难，我们就要问老师："最近孩子在家做阅读题有点费劲，好像中心句总是抓不准。您看看孩子是怎么回事，看看我们在家怎么练。"这样，说到细节、问到细节，才能得到具体、有效的支持，老师在学校就会用心观察。在孩子做阅读和回答阅读类问题时老师会关注他现在的问题是什么，然后老师会跟我们沟通孩子的问题及解决方法，跟我们一起合力推动孩子解决问题。

田老师知识卡

3 怎么得到老师更多的关注？
① 说细节
② 问细节
③ 请求支持

问细节问题，实际上是将家长和老师的目光引向孩子学习的过程，这样从过程上观察就能够找准问题，进而找准方法。这样孩子就能以每个出现的问题为垫脚石，他的能力也会在这个过程中得到不断提升。

小结

如何跟老师交流孩子的学习情况？最重要的是看到语言背后的期待。当老师批评孩子时，我们不但要听老师的语言，还要透过老师的心理冰山看到老师的期待。当老师批评错了，孩子生气地说"我好生气，老师好过分"时，我们要透过孩子的心理冰山去问"因为你期待老师做什么而老师没做到，让你这么生气"，引导孩子看到自己愤怒情绪背后的期待，明白了期待，才能够主动找到办法满足期待。最后，家长在跟老师沟通孩子的学习情况时，要就细节进行沟通，这样才能够得到老师具体、有效的指导。

课后操作手册

练习：读懂情绪冰山下的期待

第一步：自省，家长觉察自己的反应方式

孩子被老师批评有负面情绪时，我们来观察一下，我们的反应方式是什么，把这个反应方式记下来。

反应方式观察记录表

孩子遇到什么事	我们说了什么或做了什么	孩子的反应

观察几次，每次用心感受和分析，我们就会知道哪些反应对孩子是有效的，哪些无效；哪些虽然看起来有效，但我们还是有些担心，觉得这样的反应对孩子未来的发展可能带来一些隐患。

以下是几种常见的无效反应方式。

• 安慰，比如"没事，谁遇到这种情况都会这样。""妈妈碰到这种情况也会觉得尴尬。"
- 打岔，比如"别想了，去玩一会儿游戏。""心放宽点儿，妈妈陪你去吃饭吧。你想吃什么？"
- 否定，比如"这有什么可生气的？""你跟老师较劲也没有用。"
- 建议，比如"你当场就应该跟老师说清楚。""你安心听课，别管别人怎么想。"
- 同仇敌忾，比如"太过分了，老师怎么能这样？""你以后最好别理他。"

第二步：倾听，全身心体会孩子的情绪

听孩子说的话，观察孩子的声调、表情、姿势、动作、呼吸节奏，调节自己的声调、表情、姿势、动作、呼吸节奏，全身心地体会孩子的情绪。对孩子的情绪做出同频反馈，也就是用同样的情绪状态、类似的言语来感受孩子的反应。

- 孩子说："我真是笨死了！"我们可以说："你对自己今天课堂上的表现有些懊恼，是吗？"
- 孩子说："我们老师真是太过分了！"我们可以说："老师的行为让你觉得很难接受，对吗？"
- 孩子说："我站在那儿像个傻瓜，同学们肯定在笑我。"我们可以说："你站在那儿的时候觉得难为情，你担心同学们会有不好的看法？"

说这些话的目的不是教导，而是倾听，让孩子更多、更深入地理解自己的情绪和想法。在孩子表达负面情绪的过程中，他的负面情绪会被看到，而情绪被看到就是一种安慰。

小贴士

家长一定要记住，不要在孩子情绪爆发时给他讲任何道理或给任何建议。负面情绪卡在那里，什么样的道理他都听不进去。如果他听不进去，我们还是一味地讲，孩子就会说"你根本不理解""我不想跟你说了"，这样孩子会切断跟我们的联结，他又不知如何独自应对这些负面情绪，便会无法自拔。所以我们要先倾听，让孩子的负面情绪得以释放，他的期待才能显现，这些期待才是孩子解决问题的关键动力。

同时，我们可以回顾过去的经历，并做日常观察，当我们有负面情绪时，亲近的人用哪种方式、哪些话语让我们觉得他们理解我们，让我们有想要交流的欲望。这样的回顾和观察有助于我们在孩子有负面情绪时，采取更温柔、更有效的沟通方式。

第三步：慢反应，问情绪下的需求

我们要先问自己："孩子想要得到什么而没有得到，让他这么沮丧 / 难过 / 生气 / 蔑视。"孩子之所以出现负面情绪，一定是因为某种期待没有得到满足，所以我们不要急于对孩子的情绪做出反应，而应慢下来，在倾听的同时，观察分析孩子未被满足的期待。

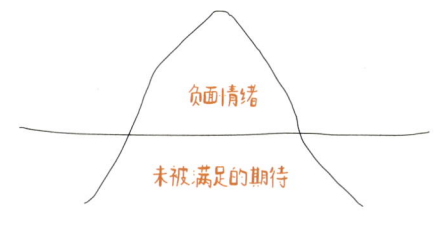

（图：情绪冰山，水面上"负面情绪"，水面下"未被满足的期待"）

关注孩子的情绪冰山

然后，我们要问孩子未被满足的期待："你希望老师做什么，他没有做到，让你这么生气？"或者"你这么生气，是因为对老师不满，是吗？你希望老师怎么做？"我们也可以给出一些可能的答案，比如："你希望老师尊重你，但他没有做到，所以你很生气，是吗？""你希望老师能够好好听你解释，但他没有做到，是吗？""你希望老师公平对待你，但他没有做到，是吗？"

最后，我们要与孩子核实他的期待。"其实，你很希望得到老师的尊重，对吗？""其实，你很希望老师在那种情况下能够好好听你解释，是吗？""其实，你很希望老师能够公平对待你，是吗？"

这样我们和孩子就都明白，孩子生气不是为了逃避和远离老师，而是因为想得到老师的尊重、倾听、公平对待、认可、重视、信任等。孩子不但了解了自己的情绪，更了解了自己情绪下真正想要满足的期待。只有了解了这些期待，他才会主动想办法满足这些期待。

第四步：启发式提问，问孩子如何能够满足自己的期待

我们可以通过启发式提问，让孩子自己寻找方法。比如问孩子：

"你希望老师能够好好听你解释，但他在气头上不肯听，这可怎么办？"

在进行启发式提问时，我们的语气和心态不是我们已经有了一个答案，只是引导孩子说出正确答案，而是我们真的好奇，也真的觉得为难，希望和孩子一起找到更合适的方法。我们其实没有盯着孩子，等他给答案，而是盯着问题，和他一起找答案，这样孩子才会主动解决问题。